Elke Bannach (Hrsg.)

Wittenberger Lesebuch

Elke Bannach (Hrsg.)

Wittenberger Lesebuch

Anthologie

Elba

Impressum

Herstellung und Verlag:
BoD Books on Demand, Norderstedt
ISBN: 9783746 043777
eBook: 9783962551070

Erstauflage 2018

Elke Bannach
Extertaler Ring 14
06792 Sandersdorf-Brehna
E-Mail: e_bannach@yahoo.de

Bild: © Klaus W. Hoffmann

Für die Texte sind ausschließlich die einzelnen Autorinnen und Autoren verantwortlich.

Inhalt

Vorwort

Ein Wittenberger Lesebuch ist ohne Martin Luther undenkbar. Heinrich und Niklas Peuckmann haben ihn in den Mittelpunkt ihrer Texte gestellt.

Zur Reformationszeit gehört auch die Gewalt gegen Sachen, den Heiligenbildern und -figuren in den Kirchen, aber auch die Gewalt gegen Menschen, die sich angeblich mit dem Teufel verbündet und Schadzauber angerichtet hatten. Klaus W. Hoffmann erzählt von solchen Menschen, die 1540 während einer Dürrezeit der Hexerei bezichtigt, gefoltert und öffentlich verbrannt wurden.

Aber Wittenberg ist nicht nur die Reformationsstadt. Es wurde vor allem vom Kurfürsten Friedrich III. vor der Reformationszeit geprägt. Er gründete seine Residenz und die Universität, sodass Wittenberg zum geistigen Zentrum des Humanismus und als Wirkungsstätte Martin Luthers aufsteigen konnte.

Im Jahr 1542/1543 war es auch wieder ein Kurfürst, nämlich Johann Friedrich der Großmütige, der nach der Erschließung eines Quellgebietes ein Röhrwassersystem zur Trinkwasserversorgung bauen ließ. Dieses System wurde im Laufe der folgenden Jahrhunderte immer mehr verbessert. Ich habe das recherchiert und darüber einen Text für diese Anthologie beigesteuert. Über die Geschichte der Trinkwasserversorgung und dem Leben in der Stadt, vom 14. bis 16. Jahrhundert, erzählt auch die Wittenberger Historikerin Elke Strauchenbruch.

Was wäre Wittenberg ohne die Elbe und das mit dem Fluss verbundene Biosphärenreservat? Um manches ärmer! Der Fluss lädt zu Kanufahrten durch unberührte Natur ein. Und wenn man Glück hat, kann man Kraniche oder Seeadler beobachten.

Der Fluss trat aber auch immer wieder über die Ufer und flutete nicht nur die Uferbereiche, sondern auch die Stadt.

Die Elbe steht im Mittelpunkt der Geschichten und lyrischen Texte von Klaus Krupa, Antje Penk und Katharina Düwel.

In unserem Lesebuch darf natürlich die Geschichte eines bekannten, erfolgreichen und mit Wittenberg eng verbundenen Unternehmens nicht fehlen: Wikana. Die Entstehung und Entwicklung dieser Keks- und Nahrungsmittelfabrik hat Sylke Schaufler in ihrem Text dargestellt.

Vier Autorinnen, vier Autoren und ich als Herausgeberin, haben zu unterschiedlichen Themen Texte geschrieben und so ein abwechslungsreiches Wittenberger Lesebuch gestaltet.

Elke Bannach

Post aus Wittenberg

Heinrich Peuckmann

Ob der unbekannte Mönch Martin Luther, Professor an der hiesigen Universität, sich in der Nacht zu Allerheiligen 1517 wirklich durch die Straßen von Wittenberg geschlichen hat, um seine 95 Thesen an die Tür der Schlosskirche zu nageln, ob seine Hammerschläge wirklich in den Gässchen der Stadt widerhallten, lässt sich nicht mit Sicherheit sagen. Wen hätte diese Aktion auch interessieren sollen? Die Bewohner der Stadt nicht, denn was er geschrieben hatte, war auf Latein abgefasst. Und Latein verstanden nur seine Universitätskollegen, wenn überhaupt. Von den übrigen Bewohnern konnten die meisten nicht einmal lesen, egal ob es deutsche oder lateinische Texte waren. Also, wen sollte dieses Professorengeschwätz interessieren?

Seinen Dienstherrn Albrecht, Erzbischof von Magdeburg, Kurfürst und Kardinal von Mainz, Erzkanzler des Heiligen römischen Reiches, sowieso nicht. Albrecht interessierte sich für Kunst und ein bisschen für Politik, aber hauptsächlich, um an Geld ranzukommen. Wann sollte er in seinen bisher 27 Lebensjahren Zeit gefunden haben, sich mit Theologie zu beschäftigen? Nein, auch von jemandem wie ihm durfte man nichts Unmögliches verlangen.

Und doch tat es jemand. Ja, jemand zwang ihn, sich mit Theologie zu beschäftigen, obwohl er doch so viel Wichtigeres zu erledigen hatte. Sich zum Beispiel mit Kunst zu beschäftigen und vor allem mit den neuen Gedanken des Humanismus. Hatte er nicht deshalb, um sie zu fördern,

Ulrich Hutten an die Moritzburg von Halle geholt? Dorthin, wo er sich am liebsten aufhielt. Aber jetzt saß er hier in Mainz, in der Martinsburg direkt am Rhein, von dem aus die Herbstkälte zu ihm hochstieg und ihn an den Füßen frieren ließ.

Da war, zu allem Überfluss, auch noch diese Post gekommen, die verbürgt ist, anders als der Thesenanschlag. Post von dem Mönch aus Wittenberg, dessen Namen er noch nie gehört hatte und den er auch nicht hören wollte. Konnte man diesen Leuten nicht sagen, dass sie nicht lästig werden sollten? Nein, das konnte man nicht, denn sie wollten einfach nicht hören.

Genau in dem Moment, als er seine kalten Füße behaglich in Richtung Kaminfeuer gestreckt hatte, war sein Sekretär Valentin Thomasius ins Zimmer getreten.

„Eminenz, da ist ein Brief für Euch gekommen."

„Ist er wichtig?"

„Er hat sämtliche Ämter Ihrer Verwaltung durchlaufen, alle haben ihn weitergeleitet. Also sind sie der Meinung gewesen, dass Ihr ihn lesen müsst."

Albrecht seufzte auf, reckte sich ein wenig vor und kam für einen Moment mit den Füßen den Flammen zu nahe. Erschrocken zuckte er zurück.

„Also gut, Valentin, um Himmels Willen, dann lies vor."

„Der Brief ist aus Wittenberg, geschrieben von einem Mönch, der an der dortigen Universität unterrichtet und sich Martin Luther nennt."

„Was bedeutet es, dass er sich Martin Luther nennt? Heißt er denn nicht so?"

„Es bedeutet, dass er sich unbenannt hat, wohl zum ersten Mal in diesem Brief. Bis vor kurzem hieß er noch Martin Luder."

„Umbenannt, nur um mir zu schreiben?"

„Vielleicht nicht nur deshalb. Womöglich hatte er das Gefühl, dass für ihn ein neuer Lebensabschnitt beginnt und er das äußerlich dokumentieren müsste."

Albrecht winkte ab. „Ist gut, egal ob Luder oder Luther, was interessiert mich der Name. Morgen werde ich ihn sowieso vergessen haben. Worum geht es also?"

Thomasius räusperte sich und begann zu lesen. „Dem hochwürdigen Vater in Christo und durchlauchtigsten Herrn", begann er, „Erzbischof der Kirchen zu Magdeburg und Mainz, Primas, Markgraf zu Brandenburg seinem Herrn und Hirten in Christo, geachtet in Ehrerbietung und Liebe! Gnade und Barmherzigkeit Gottes und alles, was er vermag und ist!

Verzeiht mir, ehrwürdigster Vater in Christo, durchlauchtigster Kurfürst, dass ich, der geringste unter den Menschen, so unbesonnen und vermessen bin und es wage, an Eure höchste Erhabenheit einen Brief zu richten."

„Schon gut, schon gut", unterbrach ihn Albrecht, „langweile mich nicht. Fasse zusammen! Worum es geht?"

„Es geht um den Ablass, werter Herr."

„Den ich erlassen habe."

„Genau um den."

„Was schreibt er dazu?"

„Dass Ihr ihn abschaffen sollt."

Jetzt stand Albrecht doch auf. Die ersten Schritte mit seinen steifen Beinen fielen ihm schwer, dann fand er aber zu seiner normalen Sicherheit.

„Ich soll den Ablass abschaffen, meint er das wirklich?"

„So verstehe ich seinen Text."

„Donnerwetter, weiß dieser Luder oder Luther, weiß dieses un-scheinbare Mönchlein, was es da verlangt?"

„Ihr meint Eure Schulden?"

„Genau. Ich meine den Kredit von 60.000 Gulden, mit dem ich bei den Fuggern in der Kreide stehe."

„Geld, das Ihr doch nur für das Erzbistum Mainz aufgenommen habt."

„Sehr richtig, Valentin. Geld, das eigentlich das Erzbistum an den Papst hätte zahlen müssen. Das Palliumgeld, das auch jedes andere Erzbistum an den Papst zahlen muss, wenn ein neuer Erzbischof gewählt wird. Und das das Erzbistum Mainz einfach nicht hatte, weil es nämlich pleite war. Absolut bankrott! Weshalb ich, der Gewählte, die Summe an seiner Stelle aufbringen und nach Rom schicken musste."

„Weshalb Ihr ja auch gewählt wurdet."

Jetzt blieb Albrecht, der vorher in seinem Ärger auf und ab gegangen war, abrupt stehen. Wie hatte Thomasius das gemeint? Wollte er damit sagen, dass er, Albrecht, Erzbischof von Magdeburg, nur deshalb zusätzlich Erzbischof von Mainz geworden war, weil er dafür bezahlt hatte? Dass er sich dieses Amt er-kauft hat?

Thomasius sah ihn mit unschuldigem Blick an. Nein, das konnte er nicht gemeint haben, so etwas würde er nicht wagen, niemals! Albrecht beruhigte sich wieder.

„Dieses Mönchlein meint also allen Ernstes, ich soll den guten Tetzel zurückpfeifen, meinen Dominikanermönch, der so viele Ablasszettel verkauft, dass ich die Summe für die Fugger garantiert zusammenkriege."

Thomasius nickte.

„Genau um den geht es ihm, lieber Vater."

„Aber Tetzel ist ein Verkaufsgenie. Weiß das dieser Luther?"

„Ich glaube ja, geliebter Vater. Er meint, Tetzel wäre deshalb so erfolgreich, weil er den Ablass mit falschen Versprechen und gotteslästerlichen Reden verkaufen würde. Wenn das Geld im Kasten klingt, die Seele in den Himmel springt, soll er den Käufern versprechen."

„Aber dafür ist der Ablass doch da, damit Gott den Leuten ihre Sünden vergibt und ihre Seele rein wird."

„Verzeihung, verehrter Vater, dass ich hier widerspreche. Ich bitte vielmals um Entschuldigung, aber der Ablass befreit nur von Kirchenstrafen, also von den Strafen im Fegefeuer, nicht von den Sünden selbst."

„Tatsächlich, ist das so?" Erstaunt sah Albrecht seinen Sekretär an. „Aber die Ablasskäufer glauben das doch."

„Weil Tetzel es ihnen erzählt. Und weil es ein schönes Gefühl ist, sich frei von Sünden zu fühlen, auch wenn man vorher dafür bezahlt hat. Deshalb ist er ja so erfolgreich."

Albrecht schmunzelte. „Wenn das ein Teil seines Erfolges ist, müssen wir es ja nicht unbedingt richtig stellen. Muss man dem Volk denn alles erzählen? Es ist allemal besser, wenn die einfachen Leute nicht alles wissen. Du hast doch selbst gesagt, dass der Ablass den Leuten ein schönes Gefühl gibt."

„Und dem Fugger eine volle Kasse."

Das war nun wirklich eine kritische Bemerkung, Thomasius nahm sich heute einiges raus, aber die Kritik bezog sich auf den Fugger in Augsburg, nicht auf ihn, auf Albrecht von Mainz. Also fühlte er sich auch nicht angesprochen.

„Dieser Luther schreibt aber weiter, dass Tetzel bei seinen Reden unseren Glauben mit Füßen tritt", fuhr Thomasius fort. „Selbst wenn jemand die Muttergottes, verzeiht Vater, dass ich das ausspreche, meine Zunge sträubt sich dagegen, selbst wenn jemand unsere allseits verehrte Gottesmutter schwängern würde, könnte Tetzel ihn von dieser Sünde befreien. Der Ablasszettel wäre dann nur um einiges teurer."

Albrecht konnte ein Schmunzeln nicht unterdrücken. „Die Muttergottes schwängern, dann wäre man ja so etwas wie der Heilige Geist."

Thomasius reagierte nicht, er blieb ernst.

Albrecht dachte an seine Ursula Riediger, die Bäckerstochter, die er gerne abends besuchte und die er von Künstlern porträtieren ließ. In Altarbildern, die er in Auftrag gab, ließ er sie als Engel, als Maria Magdalena oder was auch immer hineinmalen. Nein, ganz heilig wäre es nicht, wenn er sie schwängern würde, er war ja nur ein Erzbischof, also höchstens ein halber Heiliger. Bloß ein

Geist, nein ein Geist wäre er ganz und gar nicht. Im Gegenteil, er war ein richtiger Mann, einer, der inzwischen auch wieder warme Füße hatte.

„Gut", sagte er, „lassen wir dem Tetzel zukommen, dass er die Muttergottes in Ruhe lassen soll", und musste im selben Moment wieder schmunzeln. Wie das klang, die Muttergottes in Ruhe lassen, wo Tetzel doch davon erzählte, dass jemand sie schwängern könnte.

„Weißt du, was ich glaube, Valentin?"

Thomasius sah ihn fragend an.

„Ich glaube, dass hinter diesem Luther niemand anderer steckt als dieser Wettiner, der Sachse Friedrich, den manche einen Weisen nennen. Dass ich nicht lache. Der hat doch selber lange von seinen Reliquien gelebt, die er in Wittenberg zur Schau stellt. Hat er nicht kürzlich erst einen Daumen der heiligen Anna gekauft, die die Großmutter unseres Herrn Jesus war? Die Mutter der Gottesmutter. Wer im Wittenberger Schloss auf Knien an den Reliquien vorbei rutscht, bekommt ebenfalls Erlass. Das verspricht er jedem, der für den Eintritt in seinen Reliquienraum, Geld bezahlt. Und weißt du, was er davon finanziert?"

„Ich weiß es nicht, verehrter Vater."

„Seine Universität in Wittenberg! Vor allem die Professoren bezahlt er davon. Hast du nicht gesagt, dass dieser Luther dort auch Professor ist?"

„Das ist er."

„Na dann", Albrecht klatschte in die Hand, „dann beißt er ja die Hand, die ihn füttert."

„Verzeihung, ehrwürdiger Vater, dass ich etwas einwende. Dieser Luther, das hat einer aus unserer Verwaltung geschrieben, hat viele Jahre im Augustinerkloster in Erfurt gelebt, erst seit kurzem befindet er sich in Wittenberg. Ich glaube, er weiß gar nichts von all diesen Hintergründen. Der kennt das Klosterleben und die Bibel, ja, die kennt er bestimmt sehr gut, aber alles andere …"

„Mag sein, dass er sonst nichts versteht. Aber Friedrich versteht alles. Solange er selber genug mit seinen Reliquien verdiente, war ihm der Ablass recht. Aber jetzt verdienen wir Brandenburger mehr damit, weil wir unseren kleinen, dicken Tetzel haben. Und wir können uns dafür Bistümer leisten, unser Reich vergrößern und alle überflügeln, die bisher auf uns herabgesehen haben, auch die Wettiner. In Friedrichs Kurfürstentum darf er nicht predigen, aber das hindert seine Leute nicht, rüberzukommen zu uns. Vor allem nach Jüterbog strömen sie und sind froh, dort Tetzels Ablasszettel zu bekommen. Aber plötzlich, wo die Konkurrenz mehr mit dem Ablass verdient als er, passt ihm die ganze Linie nicht. Da lässt er diesen Mönch von der Leine und glaubt, wir durchschauen seine Absicht nicht. Aber da irrt er sich, der feine Herr Friedrich, da irrt er sich ganz gewaltig. So klug wie der sind wir schon lange."

Für einen Moment trat Stille ein. Albrecht hielt den Kopf gesenkt und schien seinen Überlegungen nachzuhängen, als müsse er sich selber erst von ihnen überzeugen. Schließlich nickte er. Ja, Thomasius merkte es, das war jetzt für ihn die Erklärung für diesen Brief. Und es mochte sogar sein, dass diese Erklärung nicht ganz falsch war und Wettiner in Sachsen wirklich von den Forderungen dieses Briefes profitieren wollten. Manch einer tat etwas, das einem anderen half, ohne dass er selbst es merkte. Vielleicht war auch dieser Luther so einer.

Trotzdem, was er hier geschrieben hatte, war nicht allein mit der Konkurrenz der Wettiner zu erklären, daran konnte Thomasius jedenfalls nicht glauben.

„Herr", sagte er, „der Brief dieses Luther ist sehr lang. Er hat nämlich noch eine lange Liste mit 95 Thesen daran gehängt, alle auf den Ablass bezogen."

„Thesen", schimpfte Albrecht plötzlich los, „was ist das überhaupt für eine neue Mode? Jeder Student verfasst neuerdings Thesen und dann sollen wir anderen darüber diskutieren. Als hätten wir nichts anderes zu tun."

„Disputationen, verehrter Vater. Ist es nicht schöner, wenn die Menschen sich mit Texten oder im Gespräch streiten als wenn sie sich die Köpfe einschlagen?"

Albrecht beruhigte sich wieder. Von ihm aus, dachte er. Sollten sie doch machen, was sie wollten. Natürlich nur solange, wie sie ihm nicht in die Quere kamen.

„Also gut, was steht denn da? Fasse wieder zusammen, Valentin, ich will nicht den ganzen Kram hören."

„Dieser Luther meint, dass ein Christ sein ganzes Leben lang Buße tun soll und nicht in dem einen Moment, in dem er einen Ablasszettel kauft."

„Warum soll er nicht beides tun? Buße sein Leben lang und für die Sünden, die jeder begeht, zwischendurch einen Ablass kaufen?"

„Weil, meint dieser Luther, der Ablass nicht hilft, jedenfalls nicht für das Seelenheil. Deshalb redet er immer von Gnade. Wissen Sie, verehrter Vater, ich glaube, da liegt, wenn ich es richtig verstanden habe, sowieso sein Hauptanliegen. Wir sind alle Sünder, meint Luther, und damit der ewigen Verdammnis anheim gegeben. Wenn uns etwas vor Gott hilft, dann ist es allein dessen Gnade und die kann man nicht kaufen. Nicht durch Ablass, also durch den Kauf von den guten Taten der Heiligen."

„Den guten Taten der Heiligen?" Thomasius erlaubte sich heute nicht nur Kritik, merkte Albrecht, er verfiel auch manchmal in Theologengerede, so dass er ihm nur schwer folgen konnte.

„Ehrwürdiger Vater, wenn Ihr erlaubt, Ihr müsst doch wissen, was Tetzel in Euerm Namen verkauft."

„So, und was ist das?"

„Eine böse Tat, also eine Sünde, so die Lehre, kann nur durch eine gute Tat ausgeglichen werden. Und gute Taten haben unsere Heiligen zuhauf und in unendlicher Zahl angehäuft. Dieser Schatz ist in den Besitz der Kirche übergegangen, und davon verkauft Tetzel Stück für Stück an die Sünder. Aber der wahre Schatz der Kirche, meint dieser Luther in einer seiner Thesen, sind die Evangelien. Das ist die Heilige Schrift. Nur auf sie komme es an."

Albrecht sah ihn erstaunt an.

„Weiß Tetzel das selber?"

„Verzeiht, ehrwürdiger Vater, wer bin ich unwürdiger Wurm, dass ich mich zu Euerm Lehrer aufschwingen dürfte? Das sei niemals der Fall."

„Lass das Gerede, antworte lieber."

„Ich würde, wenn Ihr mich fragt, vermuten, dass Tetzel es selber nicht weiß. Er ist ein Verkäufer. Hauptsache er verdient Geld, denkt er, aber was er da verkauft, das ist ihm gleichgültig."

„Und das glaubst du wirklich?"

„Verzeiht, Herr, Ihr habt meine Meinung hören wollen."

Wieder trat eine Pause ein, Albrecht überlegte.

„Gut, dann müssen wir jetzt die Thesen widerlegen, dann müssen wir eben auch disputieren. Sag, Valentin, wen von all unseren Theologen könnten wir dafür heranziehen, um die Thesen zu widerlegen? Wer ist stark genug, diesen Luther zu besiegen. Denn du weißt, ich brauche das Geld. Wie soll ich sonst jemals meine Kredite beim Fugger ablösen?"

Jetzt war es Thomasius, der eine lange Denkpause einlegte.

„Verzeiht, geliebter Vater", sagte er dann, „darf ich euch einen anderen Vorschlag machen als eine Disputation mit Luther zu beginnen?"

„Einen anderen? Weißt du eine bessere Lösung?"

„Ich glaube schon, Herr."

Albrecht blickte ihn erfreut an.

„Einen, mit dem wir diesen Luder oder Luther loswerden können?"

Thomasius nickte. „Sogar auf einen Schlag!"

Albrecht strahlte.

„Wenn das stimmt, Valentin, darfst du auch einmal in mein Schmuckkästchen greifen wie es sonst nur meine Ursula darf."

„Besten Dank, Eminenz, aber ich brauche den Griff in Euer Schatzkästchen nicht. Ich überlasse ihn lieber Eurer Ursula. Ursulas Freude, das weiß ich, ist auch Eure Freude und in dem Fall auch meine."

„Sehr großzügig Valentin, ich werde es dir nicht vergessen. Aber nun sag schon, was sollen wir tun?"

„Wir schicken den Brief mitsamt den Thesen von Luther an den Heiligen Vater nach Rom."

Von einem Moment zum anderen verfinsterte sich Albrechts Miene.

„Das soll eine Lösung sein? Bist du noch bei Sinnen, Valentin? Soll der Heilige Vater denken, dass ich so ein Problem nicht selber lösen kann? Und überhaupt, was geschieht, wenn der Leo X. gegen den Ablass entscheidet und diesem Luther Recht gibt? Wie soll ich dann von meinen Schulden runterkommen? Dann bin ich erledigt."

„Genau wie der Papst", antwortete Valentin, „der wäre auch erledigt, wenn er gegen den Ablass entscheiden würde."

Albrecht sah ihn fragend an.

„Der Heilige Vater erledigt, wie meinst du das?"

„Weil der Papst und Ihr, wenn ich das so sagen darf, im selben Boot sitzt. Wie Ihr, ehrwürdiger Vater, das Geld aus dem Ablass zur Schuldentilgung braucht, benötigt Papst Leo es für den Bau seines Petersdoms. Ohne den Ablass kann er ihn nicht bauen und da er schon angefangen hat damit, kann er ja nicht einfach damit aufhören. Nein, er muss schon mit seinem großen Werk fortfahren und dazu braucht er …"

Albrechts Miene erhellte sich nicht nur, er strahlte.

„Valentin, was bist du doch für ein geschickter Taktiker. Wir lassen verkünden, dass der Papst entscheiden soll und tun so, als hielten wir dessen Entscheidung für offen. Und dabei wissen wir nur zu genau … Wir sagen, dass die Sache von so großer Wichtigkeit ist, dass nur der Heilige Vater darüber entscheiden kann und dessen Entscheidung, das ist ja klar, wird jeder akzeptieren, auch dieser Mönch aus Wittenberg."

Vor Freude klatschte er wieder in die Hände. „Der Heilige Vater wird schon wissen, wie man mit so einem Mönchlein umgeht."

Er lachte laut auf.

„Das glaube ich auch", sagte Thomasius und schmunzelte, aber im selben Moment erstarrte Albrecht.

„Aber was passiert, wenn dieser Mönch nicht mal auf den Papst hört?"

„Dann fliegt die Kirche auseinander."

Jetzt lachte Albrecht wieder.

„Nein, das wird niemals geschehen. Unsere Kirche bleibt ewig. Das ist ein gut durchdachter Plan, Valentin. So sparen wir uns Arbeit, ich kann heute Abend wieder bei meiner Ursula vorbeigehen und wir haben diesen Luther vom Hals. Und zwar endgültig."

Wohin schippert das Schiff Reformation?
Überlegungen anhand der evangelischen Predigt

Niklas Peuckmann

1. Einstieg

„Reformation bedeutet eine Sache in ihre frühere, verloren gegangene Form zurückführen."[1]
So beschrieb der Züricher Reformator Heinrich Bullinger (1504–1575) das Wesen der Reformation, dies wohlgemerkt mit zeitlichem Abstand zu den enschlägigen Ereignissen, die sich von 1517 bis 1521 im Epizentrum der Reformation, in Wittenberg, abspielten. Bullinger definierte die Reformation als eine Bewegung, deren Richtung zu den Wurzeln des Christentums zurückführt, ganz im Sinne des Humanismus, der sich plakativ dem Leitsatz „ad fontes – zu den Quellen" verschrieben hatte.

An diese Definition, die sicherlich zu den ältesten Beschreibungen der Reformation zählt, sind jedoch grundlegende Anfragen zu stellen. Ist die Reformation wirklich bloß eine Bewegung der Wiederentdeckung, gar Revitalisierung, der theologischen Erkenntnisse der Alten Kirche? Ist ihre Richtung nicht vielmehr auf die Zukunft, denn auf die Vergangenheit ausgerichtet? Kurz: Wohin schipperte bzw. schippert das Schiff Reformation?

2017 jährt sich der Anschlag von Luthers 95 Thesen an die hölzerne Pforte der Schlosskirche in Wittenberg. Die Evangelische Kirche und die ganze Bundesrepublik, im-

---

[1] Heinrich Bullinger zit. n. Martin H. Jung: Reformation und Konfessionelles Zeitalter (1517–1648), S. 8.

merhin ist der 31. Oktober diesen Jahres länderübergreifender Feiertag, begehen dieses Jubiläum in sehr bewusster Form. Myriaden von Veranstaltungen, Reformationsbücher, Dokumentationen, Gottesdiensten und Konsumgegenstände wie der gut sieben Zentimeter große Playmobil-Luther, verleihen dem Jubiläum einen gesellschaftsweiten Glanz. Aber sprichwörtlich heißt es ja „es ist nicht alles Gold, was glänzt" und eben dies gilt auch für das Reformationsjubiläum. So kann für das Reformationsjahr 2017 ausgehend von einer außenstehenden Betrachtung angezeigt werden, dass die Fahrtrichtung dieses Jubiläums keineswegs konsensartig geklärt ist. Geht es lediglich um die Erinnerung an die Anfänge des Protestantismus? Geht es um ein Aufarbeiten des Bildes von Martin Luther als Volkshelden im Horizont seiner antijudaistischen Schriften? Oder geht es womöglich um ein konfessionsübergreifendes Begehen des Jubiläums als Chance für die Ökumene? Die Reformationsbotschafterin Margot Käßmann sprach diese Deutungsbandbreite auf einem Gastvortrag an der Evangelisch-Theologischen Fakultät in Bochum mit ironisch anmutenden Worten an: „Ist die Feier eines Jubiläums angemessen, ist es nicht eine Spaltungsgeschichte und müssen wir uns dann nicht bewusst machen, dass dann Konfessionskriege folgten und Luthers Antijudaismus im Raume steht? Darf eine Kirche feiern, die mit Spar- und Strukturdebatten zu tun hat? Ist es eine Eventisierung des Glaubens, was da stattfindet? Und, können Protestanten überhaupt feiern?"[2]

---

[2] Der gesamte Vortrag unter

Historisch kann hierzu angezeigt werden, dass frühere Reformationsjubiläen sich konsequent im Spagat zwischen vorwärts- und rückwärtsgewandtem Begehen des Reformationstages ereignet haben. 1817 wurde das Reformationsjubiläum beispielsweise dafür genutzt den aufklaffenden Graben zwischen Lutheranern und Reformierten zu überbrücken. Symbolträchtig feierten die beiden Konfessionen, die sich im sogenannten Konfessionellen Zeitalter (1555–1648) herauskristallisiert hatten, in staatlich (preußisch) gewollter Eintracht erstmalig gemeinsam das Abendmahl in Berlin und stießen so die Unierungsprozesse in der Evangelischen Kirche an. Das Reformationsjubiläum wurde hier also zum Anlass der Neuerung und Verbrüderung der Konfessionen genommen und nicht bloß als Tag der Erinnerung an ein historisches Ereignis gestaltet.

Die Bewegung der Reformation steht schließlich in dem Spannungsfeld zwischen rückwärtsgewandter Erinnerung (Besinnung) einerseits und dem Aufbruchsgeist zu einem belebten und biblisch grundierten Glauben andererseits. Sie kann, wie es Heinrich Bullinger beschreibt, als das Zurückführen des Glaubens in seine ursprüngliche Form definiert werden. Desgleichen kann sie aber auch als die fundamentale Neuausrichtung des Glaubens verstanden werden. Letzteres attestiert der Soziologe Niklas Luhmann der Reformation, indem er konstatiert, dass der Protestantismus die erste Religion sei, die „von Kult auf Kommunikation"[3] umgestellt habe.

---

http://www.evtheol.rub.de/lehrstuehle/karle/Kaessmann_011216_FINAL.mp4 (Stand: 18.02.2017)

[3] Niklas Luhmann: Funktion der Religion, S. 111.

Der Frage, wohin nun das Schiff Reformation schippert soll im nachfolgenden Essay nachgegangen werden. Dies soll nicht im Sinne einer kirchengeschichtlichen Reflexion erfolgen, sondern vielmehr die Neuausrichtung, die Niklas Luhmann in dem Protestantismus sieht, fokussieren, nämlich den Aspekt der Kommunikation. Daher wird sich dieser Essay auf die evangelische Predigt konzentrieren, die passenderweise in der Praktischen Theologie „als Wahrzeichen des evangelischen Christentums"[4] verstanden wird.

2. Martin Luther: Alte Lehren im neuen Gewand?

Martin Luther (1483-1546) gilt bis in die heutige Zeit als herausragender Prediger. Unzählige Male hat er sich auf die Kanzel in der Wittenberger Stadtkirche begeben und ganz im Sinne des Bibelwortes aus dem Römerbrief (Röm 10,17[5]) versucht den Glauben seiner Gemeinde durch die Predigt zu erbauen. Über 2000 Predigten sind von Martin Luther erhalten. Eine gewaltige Zahl, die noch eindrücklicher wirkt, sofern man den Blick auf die erhaltenen Predigten anderer Reformatoren schweifen lässt[6].

Theologisch versteht Luther die Predigt als Inkarnation Christi durch das Wort Gottes, welches an den Gläubigen mittels des Zuhörens ergehen soll. Ins Zentrum wird dabei das Wort der Predigt gestellt, an das sich schließlich der

---

[4] Dietrich Rössler: Grundriß der Praktischen Theologie, S. 351.
[5] Nach Lutherbibel (Revidiert 2017): „So kommt der Glaube aus der Predigt, das Predigen aber durch das Wort Christi."
[6] Von dem Genfer Reformator Johannes Calvin (1509–1564) sind an der Zahl ca. 700 Predigten erhalten. Luthers Mitreformator in Wittenberg, Philipp Melanchthon (1497–1560), hat überdies kaum gepredigt.

Geist Gottes bindet, sodass im Hören die Gemeinschaft der Heiligen (lat. communio sanctorum) entsteht. Spannend ist hierbei, dass Luther die Predigt, ausgehend vom Evangelium, dass für Luther wohlgemerkt die ganze Bibel durchzieht, als Gnadenmittel versteht. Das Evangelium ist gestiftet als „ein predigt und geschrey von der genad und barmhertzikeytt Gottis"[7]. Diese Auffassung legt offen wie stark Luther in seiner Theologie im prägenden Denken der mittelalterlichen Amtskirche verwurzelt ist. Desgleichen wirkt dieses Verständnis in gewisser Weise paradox, da eben Luther vornehmlich für sein sogenanntes „Turmerlebnis" bekannt geworden ist. Unter diesem Schlagwort verbirgt sich die theologische Überzeugung, dass der Mensch einzig durch die von Gott geschenkte Gnade gerechtfertigt wird (lat. sola gratia). Warum bedarf es dann überhaupt noch der Predigt als Gnadenmittel, wenn dem Gläubigen diese schon längst zuteil wurde? Diese Paradoxie sieht Luther hingegen nicht. Er unterstreicht 1530 sogar sein Predigtverständnis und begibt sich frustriert drüber, dass seine Worte nicht Gehör finden für mehrere Monate in einen Predigtstreik.

Theologisch knüpft Luther mit seiner Predigtlehre weitestgehend an vorfindliche Ideen seiner Zeit an. Strukturell hingegen gestaltet er diese im Gegensatz zu den damaligen Predigten sehr bildreich und unterhaltsam. Die Predigt zielt auf eine Bewegung, die beim Hörer angestoßen werden soll, damit final „das Wort im Schwange gehe", so wie es Luther sagen würde. Seine Predigten verstehen sich

---

[7]Martin Luther: Werkausgabe 12, S. 259.

als ein kommunikatives Geschehen, das rhetorisch ausgestaltet werden möchte: „Wenn man den Artikel von der Rechtfertigung predigt, so schläft das Volk und hustet; wenn du aber mit einer Geschichte oder einem Beispiel anfängst, dann spitzen sie die Ohren und hören mäuschenstill zu."[8] Luther verdeutlicht mit seiner Predigtlehre, dass Verkündigung im Gottesdienst einen kommunikativen Akt darstellt. Jeglicher theologische Inhalt, der im Blick auf die Rechtfertigung, die Luther in zweiwertiger Form, nämlich als Gesetz und Evangelium verhandelt, soll vom Prediger als kommunikativ zugängliches Moment gestaltet werden. In Luthers Predigtverständnis wird schließlich ersichtlich, dass die Bewegung der Reformation in zwei gegensätzliche Richtungen läuft. Aufbruch und Besinnung liegen dicht beieinander und verzahnen sich in dem gehörten Wort der Predigt zu einem komplexen Gewebe, das final den einzelnen Hörer in Bewegung versetzen möchte. An diesem Punkt eröffnet sich sodann der fundamentale Bruch der Reformationsbewegung zur römischen Amtskirche: Der Einzelne Mensch vor Gott wird in den Blick genommen. Pointiert bringt dies der deutsche Historiker Richard van Dülmen auf eine Formel: Die Reformation hat das Individuum entdeckt.[9]

Das abstrakt anmutende Gegeneinander von dem Zurückführen zu den Ursprüngen einerseits und dem Aufbruch in ein neues Selbstverständnis des christlichen Glaubens andererseits lässt sich an Luthers berühmtgewordenen Invo-

---

[8] Martin Luther: Tischreden, S. 2408.
[9] Vgl. Richard van Dülmen: Die Entdeckung des Individuums. 1500 – 1800.

kavitpredigten gut veranschaulichen. Diese sollen nun kurz historisch verortet werden.

Im Nachklang an die Leipziger Disputation zwischen Luther und dem Ingolstädter Theologieprofessor Johannes Eck (1486–1543) wird Luther im Jahr 1520 in Wittenberg die Bannandrohungsbulle „Exurge Domine" (Erhebe dich, Herr) zugestellt. In unnachahmlich diplomatisch-versöhnlicher Art kommt Luther dem Anliegen der Bulle, die ihn einen törichten Menschen nennt und ihn dazu auffordert binnen 60 Tagen seine Schriften zu widerrufen, nicht nach und verbrennt diese öffentlich. Luther wird konsequenterweise am 3. Januar 1521 durch Papst Leo X. exkommuniziert und soll auch von der weltlichen Obrigkeit für seine Lehren und seinen aufrührerischen Geist gestraft werden. Es steht eine reichsweite Ächtung unmittelbar im Raume, die Kurfürst Friedrich der Weise (1463–1525) noch in letzter Sekunde abwenden kann und es mit diplomatischem Fingerspitzengefühl erreicht, dass Kaiser Karl V. (1500–1558) Luther zum Reichstag von Worms vorlädt. Hier hält Luther, später wohl legendarisch ausgeschmückt, seine Rede, die eine gewisse Nähe zum bekannten Monolog aus Goethes Faust erkennen lässt: „Hier stehe ich und kann nicht anders! Gott helfe mir, Amen!". Luther widerruft nicht und wird durch Kaiser Karl V. mit der Reichsacht belegt und gilt somit als vogelfrei. Um Luther vor räuberischen Übergriffen zu schützen, die durch die Reichsacht legitimiert wären, lässt Friedrich der Weise Luther kurzerhand auf der Heimreise aus Worms entführen und unter dem Decknamen „Junker Jörg" auf die

Wartburg bringen. Hier übersetzt Luther in nur 11 Wochen das Neue Testament ausgehend von der altgriechischen Edition von Erasmus von Rotterdam (1466–1536). Mit diesem sogenannten Septembertestament macht er die biblischen Texte des Neuen Testamentes all denjenigen zugänglich, die lesen können. Luther legt erstmals ein Buch mit reichsweiter Verbreitung vor, das die deutsche Schriftsprache grundlegend vereinheitlicht. Die Bevölkerung von Wittenberg weiß um Luthers philologische Meisterleistung, an der auch maßgeblich Philipp Melanchthon mitwirkt, nichts. Es wabert sogar das Gerücht umher, dass Luther auf dem Heimweg von Worms ermordet worden sei. Die Bewegung der Reformation verfällt trotz dieses Ondits nicht in Lethargie, sondern gewinnt an radikaler Dynamik. Andreas Bodenstein (1486–1541), genannt Karlstadt, leitet aus Luthers reformatorischen Lehren reale Konsequenzen ab und verabschiedet sich von dem Besinnen auf die altkirchlichen Glaubenslehren. Sein Verständnis der Reformation ist schnurgerade auf den Aufbruch ins Neue ausgerichtet. Es kommt zu Bilderstürmen in den Kirchengebäuden. Desgleichen feiert Karlstadt am symbolträchtigen Weihnachtsgottesdienst 1521 das Abendmahl in „zweierlei Gestalt", also in der Austeilung von Brot und Wein. Die praktischen Veränderungen führen zu den sogenannten Wittenberger Unruhen und säen tiefwurzelnde Zweifel in der Stadtbevölkerung. Martin Luther verlässt im Lichte dieser Ereignisse, geplagt von großen Sorgen um sein reformatorisches Programm, den Schutz der Wartburg, entgegen des Anratens von Friedrich dem

Weisen und Melanchthon und stellt sich mit dem ersten Passionssonntag 1522, dem Sonntag Invokavit, für eine Woche Tag für Tag auf die Kanzel vor die Wittenberger Stadtbevölkerung und hält die sogenannten acht Invokavitpredigten.

An dem Punkt, an dem Aufbruch und Besinnung auseinanderzureißen drohen, tritt Luther also wieder öffentlich in Erscheinung. Und eben an diesem Ort, der auch eine besondere Prägung durch das Kirchenjahr erhalten hat[10], wählt Luther bewusst die Predigt als Medium der Kommunikation. Keine Flugschrift, kein Abdruck eines diffamierenden Holzschnitts aus der Hand von Lucas Cranach, sondern eben die Predigt soll den Wittenberger Unruhen Einhalt gebieten.

Mit einem Paukenschlag eröffnet Luther sodann seine Rückkehr nach Wittenberg: „Wir sind allesamt zu dem Tod gefordert, und keiner wird für den andern sterben, sondern jeder in eigener Person für sich mit dem Tod kämpfen."[11] Luther beginnt seine erste Predigt unmittelbar mit dem Verweis auf die radikale Kraft des Gesetzes.

---

[10] Der Invokavitsonntag markiert den ersten Sonntag nach dem Beginn der 40-tägigen Fastenzeit, die faktisch mit dem Aschermittwoch anläuft. Diese österliche Bußzeit, die strikt vom Verzicht auf weltliche Genüsse (hauptsächlich Fleisch, partiell auch Alkohol oder praktizierte Sexualität) geprägt ist, wird von der Bewegung der Reformation zur Passionszeit umgestaltet. Der Zürcher Reformator Hudrych Zwingli (1484–1531) war symbolisch am Invokavitsonntag 1522 beim ersten Zürcher Wurstessen im Hause des Druckers Christoph Froschauer zugegen, ohne jedoch am Wurstessen teilzunehmen. Luther beginnt an demselben Tag mit seinen Invokavitpredigten, die zur Besonnenheit und Nachsicht mahnen wollen. Solch eine Mahnung findet sich bis heute in der evangelischen Liturgie zum Invokavitsonntag. Dort heißt es im Wochenspruch: „Dazu ist erschienen der Sohn Gottes, dass er die Werke des Teufels zerstöre." (1. Joh 3,8b).
[11] Katrin Bornkamm, Gerhard Ebeling (Hrsg.): Martin Luther. Ausgewählte Schriften, S. 271.

Seine prosaischen Worte sprechen von einem Wir, das final im Individuum aufgeht. Hierbei bleibt die Predigt jedoch mitnichten beim bloßen Gesetz stehen. Luther hält der Kraft des Gesetzes die Kraft des Evangeliums entgegen: „[…] daß uns Gott seinen eingeborenen Sohn gesandt hat, damit wir an ihn glauben; und wer ihm vertrauen wird, soll von Sünde frei sein und Kind Gottes."[12] Abermals lässt sich aus dem kollektiven Wir das Individuum ableiten. Luther seziert sehr feinfühlig das soziale Geflecht der Bevölkerung und verdeutlicht, dass der Einzelne unerschütterlich auf das Kollektiv angewiesen ist. Daher ruft er die Wittenberger zur Nachsicht und Besonnenheit auf. Nicht im radikalen Aufbruch verbirgt sich der Schatz der Reformation, sondern in der Zentralstellung des Wortes, das an den Einzelnen ergehen soll, der wiederum fest im sozialen Gefüge des Kollektivs lebt.

Unmittelbar nach Luthers Invokavitpredigten ebben auch die Unruhen ab. Karlstadt überwirft sich mit Luther und emigriert in die Schweiz, wo er 1541 schließlich in Basel an der Pest stirbt. Luther hält mit seinem Programm der Reformation fest an dem Miteinander von Aufbruch und Besinnung.

3. Die weitere Reise des Schiffes der Reformation

Die auf Luther folgende Zeit ist geprägt von zahllosen Lehrstreitigkeiten, die im Kern das theologische Profil der Reformation bzw. des Protestantismus schärfen möchten. Es kristallisieren sich in diesem Zuge die Konfessionen

---

[12] Ebd.

der Lutheraner und der Reformierten heraus. Zusammen-
geführt werden sie dann wiederum 1817, zum 300jährigen
Jubiläum der Reformation.

Als theologischer Kirchenvater dieses Jahrhunderts, dem
19. Jh. gilt Friedrich Daniel Ernst Schleiermacher (1768–
1834). Schleiermacher agierte als Universalgelehrter auf
unzähligen Feldern. Er war kirchenpolitisch aktiv, Be-
gründer des Faches der Praktischen Theologie, Mitgründer
der Humboldtuniversität und jahrelanger Propst an der St.
Nikolaikirche in Berlin. Hier trat er seit 1805 als Prediger
öffentlich in Erscheinung. Sein Predigtverständnis erinnert
in vielen Punkten an Luther. Beispielsweise anhand des
Miteinanders von Gemeinschaft und Individuum, das
Schleiermacher geradlinig ins Zentrum rückt. Die Predigt
zielt sodann auf eine „wohlthätige Erbauung"[13], die beim
Hörer angestoßen werden soll. Hierbei wird das kommu-
nikative Geschehen anders als bei Luther nicht linear ver-
standen, sondern eben als ein zirkulierender Prozess. Die
Predigt eröffnet letztlich einen Raum, in dem sich die Zir-
kulation des religiösen Bewusstseins ereignen kann.
Schleiermacher beschreibt dies mit klarer Sprache in sei-
ner posthum veröffentlichten Praktischen Theologie: „Der
eigentliche Zwekk der religiösen Gemeinschaft ist [...] die
Circulation des religiösen Interesses, und der Geistliche ist
darin nur ein Organ im Zusammenleben."[14]

Schleiermacher setzt an die Stelle vom Miteinander des
Aufbruchs und der Besinnung eine neue Dynamik: Die

---

[13] Friedrich Schleiermacher: Praktische Theologie, S. 260.
[14] A. a. O., S. 65.

Zirkulation. Die gegenläufigen Richtungen vom Aufbruch und der Besinnung gehen bruchlos in diesem dynamischen Prozess auf. Ein Wechselschritt existiert bei Schleiermacher nicht mehr. Trotzdem bleibt im Kern der Fokus auf das Wort, also die Kommunikation, gerichtet, das an den Einzelnen eingebettet in der Gemeinschaft ergehen soll.

Nicht ganz hundert Jahre nach Schleiermacher richtet sich die Theologie im Horizont der Erfahrungen des 1. Weltkrieges neu aus und begründet Anfang der zwanziger Jahre des 20. Jh. die sogenannte Wort Gottes Theologie (auch dialektische Theologie genannt). Als bedeutsamster Vertreter dieser theologischen Strömung und gleichsam als Kirchenvater des 20. Jh. gilt der Schweizer Theologe Karl Barth (1886–1968). Die kirchliche Metapher des Schiffes tauscht Barth gegen die Rede vom Zug aus. Von hieraus schlägt Barth sodann den Bogen zur Predigt und vergleicht das Zugfahren mit dem Halten einer Predigt, da eben ein Zug nur dort fahren könne, wo Schienen liegen, wohingegen ein Pfarrer nur dort predigen könne, wo das Evangelium sei. Barth richtet den Blick schnurgerade auf die Bibel, die konsequent das Fundament einer jeden Predigt markiert. Die Predigt wird insofern zum Wort Gottes[15], welches der Prediger selbst nicht verkünden kann, sondern lediglich anzeigen kann. Als symbolischer Zeigefinger auf das Wort Gottes begibt sich der Prediger in eine unauflösliche Paradoxie, die Barth selbst mit drei prägnanten Formeln benennt: „(1) Wir sollen [als Theologen] von Gott reden. (2) Wir sind aber Menschen und können als solche

---

[15] Vgl. Karl Barth: Homiletik. Wesen und Vorbereitung der Predigt, S. 30.

nicht von Gott reden. (3) Wir sollen Beides, daß wir von Gott reden sollen und nicht können, wissen und eben damit Gott die Ehre geben."[16]

Kommunikation ist bei Barth gänzlich linear gedacht. Die Theologie konzentriert sich darüber hinaus radikal auf Christus. Der Aspekt des Besinnens tritt mit ausufernden Schritten in den Vordergrund und doch bleibt der Aspekt des Aufbruchs vital. Die Wort Gottes Theologie versteht sich als eine politische Theologie, die der Inhumanität des Nationalsozialismus die gänzliche Andersartigkeit Gottes standhaft entgegenhält und aufzeigt, dass zwischen dem sich selbstvergötternden arischen Menschen und Gott letztlich im Rekurs auf Sören Kierkegaard immer ein unendlich qualitativer Unterschied besteht.

4. Reformation: Eine andauernde Bewegung mit zwei Fixpunkten

Die Reformation markiert in der Kirchengeschichte eine fundamentale Zäsur. Hierbei wohnen dieser Bewegung vom Beginn an die Aspekte des Aufbruchs und der Besinnung inne. Das Schiff der Reformation ist somit schon von Anfang an in unterschiedliche Richtungen gefahren. Rückwärtsgewandtheit und Aufbruchsgeist lagen konsequent dicht beieinander. In den meisten Fällen ergaben sich aus den gegenläufigen Richtungen synergetische Dynamiken. In manchen Fällen hat sich dann wiederum aber auch das Schiff geteilt. Dies gehört sicherlich auch zu den Schätzen der evangelischen Tradition, dass nicht die Plu-

---

[16] Karl Barth: Das Wort Gottes als Aufgabe der Theologie, S. 42–58.

ralität zugunsten der Einheit aufgegeben werden muss. Die Evangelische Kirche, die aus den Wurzeln der Reformation erwachsen ist, lebt von dieser bunten Vielfalt, die nicht dogmatisch eingeengt wird. Vielfalt im Glauben bedeutet aber ebenso, dass Richtungen, Präferenzen und Orientierungen gegenläufig sein können. So kann auch 500 Jahre nach Luthers Thesenanschlag die Vermutung geäußert werden, dass die andauernde Bewegung der Reformation weiterhin zwischen den Fixpunkten des Aufbruchs und des Besinnens changieren wird.

Der Fokus der Reformation, unabhängig von deren Fahrtrichtung, bleibt jedoch unverrückt. Die Reformation und die daraus resultierende Evangelische Theologie nehmen den einzelnen Gläubigen vor Gott gezielt in den Blick. Das Individuum wird geradlinig erhöht, gleichwohl seine soziale Einbettung niemals ausgeklammert wird. Diesem Individuum wendet sich die Reformation nicht im Kult, sondern in der Kommunikation zu. Kommunikation ist hierbei niemals als Einbahnstraße zu denken. Sie vollzieht sich als ein Beziehungsgeschehen, das wiederum von unterschiedlichen Verständnissen und Denk-Richtungen geprägt ist.

Die Reformation rückt das Wort resolut ins Zentrum. Worte sind offen für Deutungen und Interpretationen. Worte sind auch immer der Anfang von Pluralität. Die Reformation und die daraus erwachsene evangelische Tradition leben bis heute von dieser Pluralität. Eine Pluralität, die sich auch in den Myriaden an Formen des Begehens des diesjährigen Reformationsjubiläums spiegelt.

Literatur:

Karl Barth: Homiletik. Wesen und Vorbereitung der Predigt, 3. Aufl., Zürich 1986 (1966)

Karl Barth: Das Wort Gottes als Aufgabe der Theologie, in: Albrecht Beutel, Homiletisches Lesebuch. Texte zur heutigen Predigtlehre, Tübingen 1989, S. 42–58

Richard van Dülmen: Die Entdeckung des Individuums. 1500 – 1800, Frankfurt am Main 2002

Karin Bornkamm, Gerhard Ebeling (Hrsg.): Martin Luther. Ausgewählte Schriften. 2. Aufl., Frankfurt am Main 1983

Martin H. Jung: Reformation und Konfessionelles Zeitalter (1517–1648), Göttingen 2012

Niklas Luhmann: Funktion der Religion, Berlin 1977

Martin Luther: D. Martin Luthers Werke (WA), Weimar 1883ff.

Dietrich Rössler: Grundriß Praktische Theologie, 2. Aufl., Berlin / New York 1994 (1986)

Friedrich Daniel Ernst Schleiermacher: Die praktische Theologie nach den Grundsätzen der
evangelischen Kirche im Zusammenhange dargestellt, Berlin 1850

Der Freispruch

Klaus W. Hoffmann

In Wittenberg lebte Anfang des sechzehnten Jahrhunderts ein Abdeckergehilfe mit Namen Merten Kalo. Er war ein junger Mann, der seine Ehefrau liebte, Recht und Gesetz achtete und mit sich und der Welt zufrieden war. Sicher wäre sein Leben in geordneten Bahnen verlaufen, aber ein Ereignis brachte ihn völlig aus dem Gleichgewicht. Merten Kalo wurde wegen der Vergiftung von Weidetieren angeklagt und an einem Sommertag im Jahre 1540 von Wittenberger Gerichtsbütteln verhaftet. Seine Festnahme und die mit den Verhören verbundenen Folterungen veränderten das Leben des jungen Mannes radikal.

Zwei Tage vorher waren schon vier Leute verhaftet worden, die gemeinsam mit Kalo auf den Feldern tätig gewesen waren, um tote Tiere zu enthäuten und ihre Kadaver zu beseitigen. Das waren Prista Frühbottin, ihr Sohn Dictus, Caspar Schiele und Clemen Ziesigk. Alle wurden angeklagt, auf den Weiden Vieh vergiftet zu haben. Hauptangeklagte war Prista Frühbottin. Sie wurde außerdem noch der Hexerei bezichtigt. Auch warf man ihr vor, sich mit dem Teufel eingelassen zu haben, den Regen verbannt und durch Zauber das Vertrocknen von Brunnen, Flüssen und Seen bewirkt zu haben. Deshalb wäre das Vieh auf den Weiden verdurstet. Sie und ihre Freunde hätten die Tiere, die das überlebten, vergiftet. Warum? Aus Geldgier, um noch mehr Häute verkaufen zu können.

Richter Reuther verurteilte Prista Frühbottin, ihren Sohn, Schiele und Ziesigk zum Tode, weil sie alles, was man ihnen vorwarf, gestanden hatten. Auf dem Wittenberger Marktplatz wurden sie auf Eichenpfeiler gesetzt, angekettet und lebendig mit Feuer gebraten.

Nur Merten Kalo, den Schiele der Mittäterschaft beschuldigt hatte, legte bei den Verhören kein Geständnis ab. Er ertrug die Folter und wurde letztendlich vom Richter Reuther freigesprochen.

Drei Wochen nach seinem Freispruch ging Kalo zum ersten Mal wieder in die Schenke „Zum goldenen Löwen". Er hoffte, dort alte Freunde zu treffen. Nachdem er eingetreten war, stieg ihm der Geruch von kaltem Schweiß und abgestandenem Bier in die Nase. Von einem Feuer in der Mitte des Raumes kam weißlicher Rauch und verbreitete sich in alle Richtungen.

Zahlreiche Männer saßen im Schein der Talglichter vor ihren Bierkrügen und prosteten sich zu. Einige tranken Wein oder Branntwein. Sie redeten laut durcheinander und lachten. Sie würdigten den hochgewachsenen Neuankömmling mit dem runden, rotbackigen Gesicht keines Blickes.

Kalo grüßte den wohlbeleibten Wirt, der hinterm Schanktisch stand und Branntwein in Becher füllte. Der erwiderte seinen Gruß mit einem Kopfnicken. Kalo ging weiter. Sein Ziel war der Tisch, an dem zwei Männer beim Würfelspiel saßen. Sie hatten ihn erkannt, erhoben sich von ihren Plätzen und begrüßten ihn stürmisch. Die Männer schlugen

Kalo auf die Schulter, umarmten ihn und boten ihm einen Platz an ihrem Tisch an.

„Hans, drei Bier!", rief Kalo dem Wirt zu. „Wir wollen auf meinen Freispruch trinken."

Der Wirt nickte, füllte drei Krüge mit Bier, schlurfte heran und stellte sie vor den Männern auf den Tisch. Kalo und seine Freunde prosteten sich zu und tranken.

„Erzähle uns, wie du es geschafft hast, freizukommen", sagte der rothaarige Bastian Schneider, dessen brutal wirkendes Gesicht stumpfe braune Augen und eine formlose Nase zierte.

„Ich kann es selbst auch noch nicht glauben", sagte Kalo. „Vor drei Wochen dachte ich noch, dass mir der Henker den Hals abschneiden oder mich auf den Scheiterhaufen werfen würde, aber dann sprach mich Richter Reuther frei."

„Vielleicht hat er dich freigesprochen, weil du brav alles, was man dir vorgeworfen hat, gestanden hast", vermutete Gernot Hoppe, ein schmächtiger junger Mann mit langen blonden Haaren und sanften Gesichtszügen.

„Bist du so blöd oder tust du nur so?", fragte Kalo und trank einen tiefen Schluck aus seinem Bierkrug. „Ein Geständnis hätte für mich den Tod bedeutet. Ich habe nicht gestanden, trotz der Folterungen. Ich erzähle euch, wie es war. Hört zu! Die Gerichtsbüttel haben mich festgenommen, weil der Schiele unter der Folter behauptet hat, ich hätte Vieh auf der Weide vergiftet. Dazu hätte die Hexe Prista Frühbottin mich mit Hilfe des Teufels verzaubert und angestiftet. Ich sollte das also gestehen. Das tat ich aber nicht, weil es nicht stimmte. Warum der Schiele mich unter der Folter beschuldigt hat, weiß ich nicht. Er dachte sicher: Wenn ich schon meinen Kopf nicht retten kann, dann beschuldige ich auch den Kalo der Vergiftung des Viehs. Warum? Er mochte mich nie - ich ihn aber auch nicht.

Und weil ich nicht gestand, die Tiere vergiftet zu haben, legten mir der Torgauer Henker und seine drei Knechte Daumenschrauben an. Sie haben sie mal schwächer, mal stärker zugeschraubt und mich weiter verhört.

Sie fragten mich: Hat dir die Hexe Prista das Zauberpulver gegeben, mit dem du die Tiere vergiftet hast? Meine Antwort: Prista hat mir kein Zauberpulver gegeben. Ich habe auch keine Tiere vergiftet. Das war gar nicht nötig. Viele Tiere sind wegen des Wassermangels verdurstet. Nur als Abdecker habe ich Prista und ihren Leuten gelegentlich geholfen.

Eine andere Frage war: Hat der Teufel dich überredet, die Tiere zu vergiften? Auch der Teufel nicht, habe ich geantwortet, wenn ich auf der Weide war, ist mir niemals der Teufel begegnet. Der wäre mir aufgefallen, denn ich weiß ja, wie er aussieht.

Sie fragten auch: Hat die Hexe Prista mit dem Teufel gebuhlt? Der Teufel und die alte Prista?, fragte ich und lachte schallend, bis einer der Folterknechte meine Daumenschrauben, in denen ich steckte, wieder fester anzog.

Wir hätten unsere Arbeit als Abdecker gemacht, habe ich ihnen erklärt. Auch, dass ich mir nicht vorstellen kann, dass Prista die Trockenheit herbeigezaubert hat. Durch den Wassermangel wären aber so viele Tiere verdurstet, dass wir Abdecker mit dem Enthäuten der Tiere und der Beseitigung der Kadaver kaum nachkamen.

Aber dann erfuhr ich, dass Prista, ihr Sohn Dictus, der Schiele und der Ziesigk unter der Folter all das gestanden hatten, was man ihnen vorwarf."

Hoppe unterbrach Kalo: „Sie sind vor vier Wochen von Richter Reuther zum Tode verurteilt und auf dem Wittenberger Marktplatz hingerichtet worden. Bastian und ich waren dabei – auch viele Wittenberger Bürger. Wir haben gesehen, wie die Unglücklichen, die vor Schmerzen entsetzlich schrien, bei lebendigem Leibe gebraten wurden."

„Hör auf", unterbrach ihn Kalo. „Diese Folterknechte würde ich gern mal braten, mit brennendem Pech und Schwefel bewerfen oder mit einem glühenden Eisen kitzeln."

„Haben die Folterknechte sowas auch mit dir gemacht?", fragte Schneider.

„Nein", antwortete Kalo, „die Folterstufe drei haben sie nicht angewandt. Aber ich habe ja eben schon erzählt, dass sie mir immer wieder Daumenschrauben anlegten und fcstzogen. Manchmal tauschten sie sie durch Fußschrauben aus.

Noch schlimmer war die Leiterfolter. Die Henkersknechte zogen mir die Kleidung aus. Dann band mir einer meine Arme auf dem Rücken zusammen. An meinen Händen befestigten sie einen Strick, der durch einen Kloben lief. Der Knecht zog so lange an diesem Strick, bis meine Arme rückwärts über meinen Kopf gezogen wurden. Sie wurden dabei fast aus den Gelenken gerenkt. Er zog den Strick immer weiter hoch. Ich schrie, hoffte der furchtbare Schmerz würde nachlassen, legte aber kein Geständnis ab.

So ging das tagelang. Ich wurde immer wieder zu meiner Zelle geschleppt und auf das stinkende Stroh geworfen. Hin und wieder brachten sie mir Wasser und Brot.

Einmal tauchten bei den Verhören zwei Kapläne auf. Ihre Aufgabe war, mich zum Glauben zurückzuführen. Sie beteten mit mir und gingen davon aus, dass ich als Zauberhelfer unter dem Einfluss der Hexe Prista und des Teufels gestanden hatte. Ich musste also von diesen schädlichen Einflüssen gereinigt werden. Ich erfüllte bereitwillig ihre Wünsche, spielte mit und heuchelte den Gereinigten. Nachdem sie mich zwei Tage lang von den Zauberkräften der Hexe und des Teufels gesäubert hatten, lobten sie mich und sagten, dass sie ihre Aufgabe erfüllt hätten. Danach habe ich die Kapläne nicht mehr gesehen."

„Sicher haben sie beim Richter für dich ein gutes Wort eingelegt", unterbrach ihn Schneider.

„Kann sein", stimmte ihm Kalo zu. „Vielleicht zweifelte Richter Reuther inzwischen auch an Schieles Beschuldigungen gegen mich."

„Du bist schon ein harter Bursche, Merten", lobte Hoppe.

„Ich weiß nicht, ob ich unter der Folter nicht gestanden hätte."

„Ich habe drei Wochen gebraucht, um mich von all den Quälereien zu erholen", sagte Kalo zornig. „Heute kann ich einigermaßen wieder gehen und einen Bierkrug halten. Was die Folterknechte mir angetan haben, kann ich nicht vergessen. Eins könnt ihr mir glauben: Dafür werde ich mich rächen."

„Musstest du nach dem Urteilsspruch nicht die Urfehde leisten, Urteilsgehorsam zeigen und der Rache abschwören?", fragte Schneider.

„Was ist schon ein Urfehde-Schwur?", erwiderte Kalo.

„Deine Rachegedanken schlage dir lieber aus dem Kopf", sagte Hoppe. „Diesmal hattest du unverschämtes Glück. Danke Gott! Rache oder Vergeltung sollte man unserem Herrn überlassen. In der Bibel steht geschrieben: Rächt euch nicht selbst, meine Lieben, sondern gebt Raum dem Zorn Gottes. Die Rache ist mein, ich will vergelten, spricht der Herr. Er wird dir helfen. Wir sollen der Rache widerstehen, aber der Liebe Raum lassen."

„Gernot, du redest wie ein Prediger", sagte Kalo und lachte schallend.

„Ich meine es gut mit dir", sagte Hoppe mit leiser Stimme.

Kalo bestellte für sich und seine Freunde noch eine Runde Bier und noch eine und noch eine und noch einige Krüge Branntwein. Als sie am späten Abend die Schenke verließen, waren sie sturzbetrunken.

All das, was Merten Kalo in diesem Sommer während seiner Haft erlebt hatte, veränderte sein Leben. Er trank viel Branntwein, arbeitete nicht mehr, saß meist schweigend in der schäbigen alten Hütte, die er gemeinsam mit seiner Frau bewohnte und grübelte. Rachegedanken spukten in seinem Kopf herum. Er konnte kaum noch einen vernünftigen, klaren Gedanken fassen. Immer wieder, nicht nur in seinen Träumen, verfolgten ihn die zu teuflischen Grimmassen verzerrten Gesichter des Henkers und seiner Knechte. Immer wieder demütigten sie ihn, schlugen ihn und zogen die Daumenschrauben an.

Wenn Kalos Frau in dieser Zeit nicht als Abdeckerin gearbeitet hätte, wären sie verhungert. Das, was sie verdiente reichte so gerade zum Leben.

Kalos Rechtsgefühl war zerstört, all die Folterungen und Demütigungen ließen ihn dann zum Rächer werden. Er setzte seine Gedanken, die ihn ständig beschäftigen, in die Tat um. Daran konnten auch der Freispruch des Gerichts und der Urfehde-Schwur, den er geleistet hatte, nichts ändern.

Kalo wollte das am Stadtrand gelegene Haus abfackeln, in dem die Männer wohnten, die ihn gefoltert hatten. Er schlich sich in einer mondhellen Abend in den Hinterhof des Gebäudes und legte Feuer. Aber ehe die Flammen sich ausbreiten konnten, stürmten die drei Knechte, die anscheinend noch nicht geschlafen hatten, nach draußen und überwältigten Kalo. Einer fesselte ihn an Händen und Füßen und schleppte ihn ins Haus. Die beiden andern löschten das Feuer.

Am anderen Morgen brachten die drei Männer den gefangenen Kalo zum Richter Reuther. Der gestand seine Tat. Richter Reuther verurteilte ihn zum Tode. Kalo wurde am 22. Oktober in Wittenberg öffentlich hingerichtet – auf dem Scheiterhaufen verbrannt.

Die Wittenberger trinken den Faulbach und Frischbach, das ist Wittenbergisch Bier.

Elke Strauchenbruch

Im Asisi-Panorama 1517 erregt die Darstellung der Amtsmühle und der beiden sie antreibenden Stadtbäche immer wieder die Aufmerksamkeit der Besucher. Staunend nehmen sie war, dass die Menschen schon seit langer Zeit einen sehr hohen Aufwand betreiben, um einerseits Wasser zur Energieversorgung und andererseits ausreichend Trinkwasser zur Verfügung zu haben.

Die Wittenberger Stadtbäche wurden auf Befehl von Herzog Rudolf I. von Sachsen in den 20er Jahren des 14. Jahrhunderts in die Stadt geleitet. Die Bürger und Bauern der umliegenden Dörfer mussten dafür in Fronarbeit über lange Strecken neue Bachbetten graben und hatten für diese schwere Arbeit kaum mehr als hölzernes Werkzeug zur Verfügung.

Zu Anfang des 14. Jahrhunderts, einer Zeit, die wir uns gerne mit farbenprächtigen Ritterturnieren, prächtigen Ritterburgen und Ritteressen vorstellen, lebten die Menschen in Wirklichkeit unter sehr schweren Bedingungen. Die Bevölkerung war gewachsen und die Landwirtschaft zunehmend an ihre Kapazitätsgrenze gelangt. Die produzierten Lebensmittel und das Brennmaterial reichten schon längst nicht mehr für eine angemessene Ernährung und Heizung. Rodungen für wachsende Felder und Wiesen, der Holzbedarf im Bauwesen, Bergbau, Metallurgie, Schiffsbau, den sich entwickelnden Glashütten, für die Herstellung von Gebrauchsgegenständen bis hin zu Schüsseln und Löffeln, die Verwendung von Holz zum Kochen und Heizen usw. führten zum Raubbau an den Wäldern. Viele Menschen hungerten seit langer Zeit. Ihre Situation wurde schon damals durch Getreidespekulanten weiter verschlechtert. Erzbischof Burchard III. von Magdeburg wollte nur dann das immer teurer werdende Getreide in die Stadt bringen lassen, wenn man ihm dafür 300 Mark Silber zahlen würde. Im Sommer 1325 waren die Bürger über den hohen Geistlichen, der sie immer wieder mit Steuern belegte und beraubte, so empört, dass sie ihn in den Magdeburger Ratskeller bringen ließen und nicht verhinderten, dass er dort von seinen Wächtern erschlagen wurde.

Doch nicht nur die Magdeburger Bürger empörten sich gegen ihren Stadtherrn oder ihren inzwischen von Patriziern geführten Rat der Stadt. Innerstädtische Kämpfe und die vielen Fehden des Adels, der sich völlig unbeeindruckt von den existenziellen Sorgen der Menschen, um die Vergrößerung seiner Territorien bemühte, erschwerten das Leben der Menschen zusätzlich.

Ein unaufhörliches Ringen um die Macht zwischen gleichrangigen Inhabern von Herrschaft und zwischen solchen auf verschiedenen Stufen der Herrschaft bestimmte damals die Politik. Große Flächen unter einer Herrschaft zu vereinen, bedeutete, die störenden bisherigen Herren verdrängen zu müssen. Im Grunde wurde ein Kampf aller gegen alle geführt. Jeder nutzte die kleinste Schwäche des anderen zum eigenen Vorteil. Helfer in diesen Fehden wurden durch ständige Geschenke belohnt. Handel und Wandel waren schwer bedroht. Kaufleute wurden immer wieder von Raubrittern ausgeraubt. Um wenigstens zu Hause halbwegs sicher zu sein, zogen auch die Bürger Wittenbergs mit großem Aufwand hohe Mauern um ihre Städte.

Bei all dem war man damals in allen gesellschaftlichen Kreisen sehr fromm. Manchmal verbanden sich Klimaschäden, Frömmigkeit und der Kampf um Sicherheit und zeigen so, wie bunt das Leben trotz aller Not gewesen ist. Im Frühjahr 1318 führten zum Beispiel der Eisaufbruch der Elbe und das folgende Hochwasser zu großen Schäden an der Dresdener Elbebrücke. Papst Johann XXII. und Bischof Johannes I. von Meißen gewährten allen, die den Bau einer neuen gewölbten Steinbrücke durch Spenden, ermöglichten, 80 Tage Ablass von ihren Sünden.[i]

Es scheint unvorstellbar, doch 1323 fror die Ostsee zehn Wochen lang zu. Man konnte zu Fuß oder auf Wagen über das Meer fahren.[i] Wie viele Menschen mögen in jenem Winter erfroren sein? Brennmaterialien waren inzwischen ähnlich rar und teuer geworden, wie Lebensmittel und Futter für die Tiere.

1325 war ein Hochwasser der Elbe so schwer, dass die Burg Reine bei Dessau in den Fluss stürzte und viele Dörfer in der Elbaue aufgegeben werden mussten.[v] Das Wasser blieb stehen und verdunstete langsam. Alles war sumpfig und nur teilweise von Büschen bewachsen. Mücken und penetrante Gerüche machten die Auen im Sommer unzugänglich. Die Flussauenlandschaft Mitteldeutschlands veränderte sich zudem durch mit starken Eismassen verbundene Hochwasser. Kaufleute und Adelige waren auf ihren

Reisen immer wieder diesen Unbilden ausgesetzt. An Hilfe von außen war nicht zu denken.

In dieser Zeit gruben und schippten die hungernden und frierenden Menschen in Wittenberg an den neuen Betten für die Stadtbäche, die eine Mühle zum Mahlen von Mehl antreiben sollten. Mühlen gehörten zu dieser Zeit den Landesherren, die am Mahlzwang ordentlich verdienten. Diese großen technischen Bauten waren teuer im Bau und aufwändig im Unterhalt. Doch sie waren zur Eigenversorgung und Versorgung der Bevölkerung unabdingbar. Der Fürst ließ die Mühle in unmittelbarer Nähe seiner Burg erbauen, obwohl sich durch das Klappern der Mühle am rauschenden Bach und die Mahlgut bringenden und holenden Transporte ein relativ hoher Lärmpegel entwickelte, der in den Zimmern seiner Burg unüberhörbar gewesen sein muss. Die Mühle stand an dieser Stelle unter seiner direkten Auf-sicht und Kontrolle. Um 1320 hatte man gemeint, der fischreiche Rischebach sei stark genug die Mühle zu betreiben. Doch zeigte sich sehr bald, dass dem nicht so war. Die Menschen mussten erneut ans kräftezehrende Werk und auch dem Faulen Bach noch ein neues Bett bereiten. Beide Bäche wurden hinter der Mühle in einem Bachbett zusammengeführt, flossen offen über den Schlossplatz und wurden dann in gegen das Eindringen möglicher Feinde gesicherten Archen unter der Stadtmauer hindurch in Richtung Elbe geführt.

Die Bürgerschaft war inzwischen zu einer relativ blühenden städtischen Gemeinde herangewachsen, hatte Stadtrechte erobert und baute ihre Selbstverwaltung aus. Schon

1332, einem Jahr schlimmster Hungersnot in Europa, führten die Wittenberger ein Stadtbuch, in dem sie ihre Steuereinnahmen verzeichneten. Es begann mit dem Bachgeld, auch Beckengeld genannt, und dem Wachgeld, von jedem Haus erhobene städtische Steuern, die die Bürger nach Außen sichern sollten. Die Einnahmen aus dem Bachgeld nutzte man zur jährlich im Herbst durchgeführten Reinigung der Bäche. Man sorgte sich also von Anfang an um deren Wasserqualität und kämpfte wie David gegen Goliath gegen Verunreinigungen an.

Im Mittelalter erkannte man den unmittelbaren Zusammenhang zwischen Gesundheit und Wasser und die Gefahr von Gesundheitsschäden durch den Verbrauch ungeeigneten Wassers.

Als Versorgungsmaßnahmen kannte man:

1. den Schutz von Gewässern vor sichtbaren groben Verunreinigungen

2. die Unterscheidung von Trink- und Brauchwasser (!)

3. die Qualitätskontrolle von Trinkwasser nach Herkunft und äußerlich erkennbaren Eigenschaften.

Eingesetzte Fische zeigten mit ihrem Leben an, ob das Wasser trinkbar war. Als Kurfürst Friedrich allerdings Forellen in die Stadtbäche setzen ließ, verloren die Bürger ihr altes Fischereirecht in den Bächen.

Die Menschen erkannten, dass es besser war, das Trinkwasser durch das Brauen oder die Zugabe von Wein in der Qualität zu verbessern. Reines Wasser trank man nur in Notfällen, Kräutertees als Heilmittel bei Krankheiten. In Norddeutschland wurde in den großen Bürgerhäusern von den Hausfrauen gebrautes Bier das Getränk der Wahl. 1513 besaßen von 356 Häusern 172 Braurecht. Dazu kamen Braurechte der beiden Klöster und des Kurfürsten. Sollte gebraut werden, machte der Amtsdiener am Tage zuvor darauf aufmerksam, dass am nächsten Tage kein Abwasser in die Bache geschüttet werden darf: Hiermit wird bekannt gemacht, dass niemand in die Bache macht, denn morgen wird gebraut! Dabei spielte das dünngebraute Kofent eine besondere Rolle, konnte man damit doch auch Kleinkinder ver-sorgen. Der frühe Alkoholgenuss führte spätestens im 16. Jahrhundert zu einem in allen gesellschaftlichen Ständen grassierenden Alkoholismus und wurde dann von den Reformatoren immer wieder angeprangert.

Wasser zum Bierbrauen entnahmen die Wittenberger ihren beiden Stadtbächen, was Luther 1527 feststellen ließ: Die Wittenberger trinken den Faulbach und Frischbach, das ist Wittenbergisch Bier. Der direkten Trinkwasserversorgung dienten die vielen privaten und öffentlichen Ziehbrunnen in der Stadt und seit dem 16. Jahrhundert die Röhrwasser. Das Wasserholen war eine der aufwändigsten und schwersten Arbeiten der Bürgerinnen und ihrer Dienerinnen.

Bei der Abfallbeseitigung in Haus und Stadt wurde vor allem der Schutz der Luft vor Verunreinigung und Vergiftung angestrebt, doch strebten die Bürger längst nach erhöhter Lebensqualität. Allgemein vertraute man auf die reinigende Kraft bewegten Wassers und meinte, es würde allen Unrat mitnehmen und natürlich „entsorgen". In diesem Vertrauen scheute man sich nicht, trotz Verbot, immer wieder auf den Bachbrücken oder in der Nähe der Brunnen Ställe zu bauen und die Gülle in die Bäche zu leiten, Straßenschmutz, Mist und tote Tiere in die Bäche zu werfen. Das wurde für die Mühlräder der Amtsmühle zum Problem. Große Gitter sollten vor der Mühle groben Unrat herausfiltern. Die Fischerinnung erhielt die Aufgabe, den durch die Bäche mitgebrachten Schmutz regelmäßig aus dem Stadtgraben zu holen.

Die Bäche dienten also vorrangig der Energieversorgung der Amtsmühle, der Versorgung mit Brauwasser, der Abwasser- und Müllbeseitigung aber auch der Bekämpfung der Feuersgefahr. Im Mittelalter lebten die Bürger meist in strohgedeckten einstöckigen Fachwerkhäusern und lebten und arbeiteten mit ihrer Familie, zu der auch Lehrlingen, Gesellen, Knechte und Mägde gehörten, in nur einem Raum. Die ärmeren Handwerker hatten als einzige Heizungs- und Lichtquelle das Feuer in ihrer Schwarzen Küche. Der Küchenrauch ging entweder direkt durch eine Dachöffnung oder wurde über einen von Holz (!) ausgekleideten Schornstein nach außen geführt. Man kann sich gut vorstellen, wie leicht es damals zu Wohnungsbränden kam und wie stark man sich vor Stadtbränden fürchtete. In Wittenberg blieben die Menschen von verheerenden Stadtbränden verschont. Dazu haben sicherlich die Maßnahmen der Stadtordnung von 1504 und der städtischen Feuerordnung von 1539 und die gute Verfügbarkeit von Wasser in den Stadtbächen und Ziehbrunnen entscheidend beigetragen.

Eine weitere Nutzung fanden die Bäche für die Reinigung der Kleider. Noch Ende des 16. Jahrhunderts häuften sich Klagen der Studenten über den am frühen Morgen entstehenden Lärm, der durch das Wäschewaschen entstünde und sie beim Studieren störe. Damals hatte man entschieden, Wäsche durfte nur noch mittwochs und sonnabends in den Bächen gewaschen werden.

Da Mühlen viel Lärm machen, durften Mühlen der Bürger nur außerhalb der Stadt errichtet werden. An den Läufen der Bäche entstanden zum Beispiel die Antoniusmühle der Plattner (Harnischmacher), eine Walkmühle der Tuchmacher, eine Grützmühle (viele Menschen ernährten sich fast ausschließlich von Hirsebrei, Grützen und Ähnlichem) und im 16. Jahrhundert eine Papiermühle.

[i] E. Kemnitz, Ein Kaiser an Elbe und Havel. Karl IV. Kulturreisen 9. 2012, S. 14

[ii] H. Weise, Mark Meißen. Von Meißens Macht zu Sachsens Pracht, Leipzig 1989, S. 33

[iii] Norbert Ohler, Krieg und Frieden im Mittelalter, München, S. 42

[iv] Reichhardt, Luther im Kirchenkreise Kemberg. Vortrag, gehalten auf dem 2. Kirchentag zu Kemberg am 22. April 1928, S. 4; F. Siebigt, Das Herzogthum Anhalt-Dessau, Dessau 1866, S. 14; U. Machlitt und H. Harksen, Bausteine zu einer Geschichte der Stadt Dessau. 2. Städtisches Leben im 15. Jahrhundert, in: dessauer kalender 1979, S. 51

Eine kleine Geschichte der Wittenberger Wasserversorgung

Elke Bannach

1293

Herzog Albrecht II. verlieh Wittenberg die Stadtrechte. Die Wasserversorgung der Bürger erfolgte durch Bäche und Brunnen.

1320

Als sich immer mehr Handwerker in der Stadt ansiedelten, stieg natürlich auch der Wasserbedarf.

Herzog Rudolf I. wollte, dass sich Wittenberg auch in Notzeiten unabhängig versorgen konnte und ließ in der Stadt eine Mühle bauen. Dadurch stieg der Wasserbedarf natürlich noch weiter an. Deshalb ließ der Herzog den Rischebach umleiten – so, dass er in die Stadt fließen konnte. Mit diesem Wasser wurde auch die neuerbaute Mühle betrieben. Der Bach fließt noch heute am Rand der Lutherstraße durch die Stadt.

Doch bald musste der Herzog feststellen, dass die Wasserkraft des Rischebachs auf Dauer zu gering war, um die Stadt mit Wasser zu versorgen und die Mühle, wie geplant, ständig zu betreiben. Um diesen Mangel zu beheben, ließ er einige Jahre später auch den Faulen Bach in die Stadt leiten.

1332

Im Wittenberg wurde eine Bürgersteuer erhoben - das Bachgeld. Jeder Hausbesitzer musste pro Jahr ein bis zwei Gulden zahlen. Von diesem Geld wurden Arbeitskräfte bezahlt, die die Bäche von Pflanzenbewuchs und Unrat freihielten.

1430

Wallanlagen und weitere Stadtbefestigungen wurden gebaut. Doch nun hatten die Wittenberger Ratsherren das Problem, den Rischebach und den Faulen Bach durch oder über die Wallanlagen zu leiten. Sie fanden eine Lösung, führten die beiden Bäche mittels einer Arche über den neuen Stadtgraben. Dazu fügten sie Holztröge zusammen, die von den Seiten mit Holzgerüsten gestützt wurden.

1504

Die hygienischen Verhältnisse in der Stadt waren katastrophal. An vielen Stellen floss die Jauche aus den Aborten in die Brunnen und Bäche. Obwohl es schon zu Beginn des 16. Jahrhunderts in Wittenberg 172 Häuser mit Brauberechtigung gab, war die Notwendigkeit von sauberem Trinkwasser den meisten Bürgern nicht bewusst.

Aus diesem Grund erließ der Kurfürst Friedrich III. eine Wasserverordnung. Darin wurde festgelegt, welche Pflichten die Bürger zum Erhalt der Ordnung und der Sauberkeit in der Stadt hatten.

Aber nach kurzer Zeit beklagte der Rat der Stadt wieder üble Missstände. Für die Bürger war es bequemer, ihren Unrat, die Abfälle und den Kot weiterhin in die Bäche zu werfen. Der Stadtrat setzte hohe Strafen fest. Bis zu zehn Gulden musste der Übeltäter für die Verunreinigung zahlen. Dieser Betrag überstieg das Jahreseinkommen eines Arbeiters. Doch selbst diese hohe Geldstrafe schreckte die Bürger nur wenige Wochen lang ab. Bereits nach kurzer Zeit war alles wieder beim Alten.

Der Rat forderte die Bürger erneut auf, Bäche und Straßen sauber zu halten. Zur Kontrolle wurden nun Soldaten eingesetzt. Den Übeltätern sollte der Unrat, der Abfall und der Kot zurück in ihre Häuser und Wohnungen geworfen werden. Aber auch diese Drohung wurde nicht ernst genommen, weil sie nicht konsequent genug umgesetzt wurde.

1540

Ein besonders heißer und trockener Sommer ließ in und um Wittenberg Bäche versiegen und Brunnen austrocknen. Auf den Feldern verdorrte das Getreide. und das Vieh verdurstete auf den Weiden. Bald waren auch die Schuldigen ausgemacht: Abdecker und ihre Helfer. Prista Frühbottin und ihre Gehilfen wurden wegen Wetterzauber und Weidevergiftens von Richter Reuther angeklagt und zum Tode verurteilt – Rösten an Pfählen.

1542

Kurfürst Friedrich der Großmütige wollte einer erneuten Katastrophe vom Ausmaß des Sommers 1540 vorbeugen, zumindest was die Wasserversorgung des Schlosses anging. Er erteilte dem Kurfürstlichen Amtmann Christoff

Groß und dem Bürgermeister Phillip Reichenbach den Auftrag, für das Schloss ein Röhrwassersystem anzulegen. Noch im November desselben Jahres verhandelten die beiden mit einem erfahrenen Brunnenmeister. Der begutachtete die Wittenberger Umgebung nach einer geeigneten Quelle. In der Teucheler Flur wurde er fündig. Er stieß auf eine ausreichend wasserführende Mulde, ließ die Quelle mit einem Holzkasten einfassen und die ersten Röhren verlegen. Die Röhren waren ausgehöhlte Holzstämme, die mit Eisenzwingen aneinander befestigt wurden. Man verlegte die Stämme in ungefähr 80 bis 100 cm Tiefe in den Boden. So waren sie auch in den kältesten Wintern vor Frost geschützt.

Von der Quelle bis in die Stadt herrschte ein natürliches Gefälle von ungefähr 40 Höhenmetern. Also wurden für den Fluss des Wassers keine Pumpen benötigt.

Kurfürst Friedrich hatte das Röhrwassersystem zunächst nur für das Schloss bauen wollen. Bereits beim Erschließen des Wassers stellte der Brunnenbaumeister fest, dass nicht das gesamte Wasser für das Schloss benötigt wurde - dass es einen Überschuss gab.

Der Bau dieser Leitungen zum Schloss wurde von den Bürgern aufmerksam verfolgt. Einige begehrten auf. Sie wollten auch in den Genuss des reinen Wassers kommen.

Der Kurfürst berücksichtigte ihre Wünsche und schlug der Universitätsleitung und den Ratsherren der Stadt Wittenberg vor, Teile des Wassers, Portionen genannt, an die Stadt abzugeben. Die stimmten dem Vorschlag bereitwillig zu und waren bereit, den Bau der Leitungen finanziell zu unterstützen. Der Kurfürsten steuerte 300 Gulden zu Beschaffung des Röhrenholzes bei. Wie hoch der Kostenanteil der Stadt und der Universität war, ist nicht bekannt. Der Kurfürst sah den Bau des Röhrwassersystems als sein ganz besonderes Projekt. Selbst wenn er auf Reisen war, ließ er sich ständig über den Fortgang der Arbeiten berichten.

1543

Anfang September veranlasste Kurfürst Friedrich, dass die Leitungen durch das Stadttor, zum Schloss, zum Markt und zur Universität geführt wurden. Auf keinen Fall durften der Wall oder die Befestigung der Stadt beschädigt werden. Die Wassermenge reichte aus, um 20 Abnahmestellen einzurichten. Fünf befanden sich im Schloss, weitere fünf auf dem Gelände der Universität und zehn im Stadtbereich. Der Wasserfluss war so reichlich, dass aus jeweils einer Leitung zwei Anschlussstellen versorgt werden konnten. Dieses Röhrwassersystem wurde auch Röhrwasserfahrt genannt.

Der Kurfürst stelle einen Röhrmeister ein. Der musste das System von der Quelle bis ins Schloss hinein in Ordnung halten. Vom Schlosstor an, sollten die übrigen Abnehmer die Röhren pflegen. Sie schlossen sich zu einer Gewerkschaft zusammen, wählten einen Vorstand und legten fest, welche Beträge zu zahlen waren.

In der Stadt führten von den hölzernen Hauptleitungen kleinere Holzröhren auf die jeweiligen Grundstücke. Dieses Wasser erhielt der Abnehmer aber nicht kostenlos. Er musste den Abzweig und die Röhre bis zu seinem Grundstück bezahlen.

Zu den Anschlussgebühren kam noch ein jährliches Wassergeld. Bezahlte der Abnehmer nicht pünktlich, konnte mit einem einfachen Zapfen an der Hauptröhre das Wasser abgesperrt werden.

Das Wasser floss Tag und Nacht ungehindert durch die Röhren. Der Überschuss wurde über eine Rinne im Hof des Abnehmers zur Straße in den vorbeifließenden Bach geleitet. Dort sorgte es für einen schnelleren Abtransport der Fäkalien, denn die Bürger pflegten weiter ihre Gewohnheit, den Kot auf die Straße und in die Bäche zu werfen.

1556

Immer mehr Bürger wollten das reine und frische Röhrwasser zur Verfügung haben, aber in der Wasserlieferung vom Kurfürsten August unabhängig sein. 1556 wurden mit 12 Abnahmestellen 780 Gulden eingenommen.

Anfang des Jahres schlossen sich sieben wohlhabende Bürger Wittenbergs zu einem Consortium zusammen. Sie beschlossen, ein Röhrwassersystem auf eigene Kosten zu bauen und stellten einen Antrag auf Genehmigung an den Stadtrat. Für die Genehmigung dieses Antrags war es sicher hilfreich, dass zu den Antragstellern der Bürgermeister und etliche Mitglieder des Stadtrats gehörten.

Die Gründungsurkunde für dieses Consortium wurde am 27. Juli 1556 ausgestellt. Darin wurde festgehalten, dass der Bau dieses neuen Röhrwassersystems auf Rechnung der Mitglieder erfolgen sollte. Ebenso wurde eine Quelle in der Annendorfer Mark festgelegt. Wichtig war, dass diese Quelle auf dem ratseigenen Grund lag und der Kurfürst weder auf den Grund, noch auf das Wasser irgendwelche Anrechte geltend machen konnte. Es wurde festgelegt, dass die Quelle eingefasst werden sollte und das Wasser in die Stadt zu leiten war. Im Gegenzug verpflichtete sich die Stadt Wittenberg, dieses Vorhaben gegen Schaden und Hindernisse für alle Zeiten zu schützen. Weiter sollte es niemandem gestattet werden, zukünftig Quellen in der Annendorfer Mark zu nutzen und weitere Röhrwassersyteme zu bauen.

Am 1. August 1556 gründeten diese sieben Bürger ein Gewerk und schlossen einen Vertrag auf Gegenseitigkeit ab. In diesem Vertrag verpflichteten sie sich, sich beim Bau zusammenzuschließen und alles Geld aufzubringen, was tatsächlich benötigt würde. Die Verwendung des Wassers sollte allen Bürgern und ihren Erben freigestellt sein, und der Unterhalt des Systems sollte gemeinsam erfolgen.

Nachdem sich die Gewerkschaft gegründet hatte, wurde am 14. August der Röhrmeister Hanns Voll mit dem Bau des neuen Röhrwassersystems beauftragt.

Die Gewerkschaftsmitglieder waren von dem Erfolg ihrer Anlage überzeugt. In einer Sitzung beschlossen sie Philipp Melanchton die achte Anschlussstelle des Röhrwassersytems kostenlos zu überlassen. Das sollte der Dank für seine Verdienste um die Stadt, die Kirche und die Universität sein. Ebenso wollte die Gewerkschaft die Kosten für die Reinigung, die Instandhaltung und die Reparaturen an dieser Anschlussstelle auf Lebenszeit des Philipp Melanchton übernehmen.

Die Arbeiten schritten zunächst nur langsam voran. Hanns Voll benötige drei Monate, um den Quell zu fassen und ihm seine Richtung zu geben. Ohne Angaben von Gründen nahm Voll plötzlich eine Arbeit in Halle an und verließ Wittenberg.

Die Gewerkschaft beaufsichtigte die Quelle auf Beständigkeit und Flussmenge bis in den Dezember hinein. Am 23. Dezember wurde Otto Schrötter beauftragt, als Bote nach Halle laufen. Er sollten Hanns Voll im Namen der Gewerkschaft bitten, beim Kauf der Holzstämme behilflich zu sein. Schrötter soll dafür zehn Groschen erhalten haben, weil er sonst nicht laufen wollte.

Voll ließ sich aber sehr lange bitten und entschuldigte sich immer wieder mit Krankheit und Arbeitsüberlastung. Die Gewerkschaft wandte sich an den Bürgermeister der Stadt mit der Bitte, den Kauf des Holzes zu übernehmen.

1557

Am 14. Februar reiste der Wittenberger Bürgermeister zusammen mit dem Stadtrichter nach Wiesenburg. Sie kauften das Holz für die Röhren.

Am 27. Februar schickte der Bürgermeister drei Männer mit Verpflegung und drei Kannen Wein nach Wiesenburg, um 400 Bäume zu fällen. Das konnten die drei Männer nicht allein bewältigen, und so wurden noch Forstknechte und Hauer beschäftigt.

Lucas Cranach d.J., Mitglied der Gewerkschaft, beauftragte einige Bauern aus Groß-Marzahns, den Transport der Stämme durchzuführen, denn die Holzfäller hatten lediglich die Bäume gefällt und aufgeschichtet. Um den Transport der Bäume zu erleichtern, schlugen sie ihnen die Zweige und Kronen ab.

Mitte Juni wurden die ersten Stämme in Wittenberg angeliefert. Nachdem 209 Stämme angekommen waren, hatten die Gewerkschafter die Idee, die Stämme gleich an Ort und Stelle in Wiesenburg auszuhöhlen und zu Röhren zu zerschneiden.

Hanns Voll hatte sich inzwischen von seiner Krankheit erholt, war nach Wiesenburg gereist und übernahm die Aufsicht dieser Arbeiten.

1558

Der Bau des Röhrwassersystems hatte am 14. August 1556 begonnen und wurde zwei Jahre später am 22. Juli 1558 vollendet.

Caspar Pfreundt, ein Gewerkschaftsmitglied, hat über die Kosten dieser Aktion genau Buch geführt und ist auf die stolze Summe von 507 Gulden, drei Groschen und elf Pfennige gekommen. Für die Bauleitung erhielt Hanns Voll für die Dauer der gesamten Bauzeit 50 Gulden. Außerdem weitere 16 Gulden für die drei folgenden Jahre. Für jeden ausgehöhlten Stamm bekam er 14 Pfennige. Das Geld erhielt er jedoch nicht in einer Summe, sondern nur bei Bedarf, z.B. für den Kauf eines Schweins, für den Wittenberger Jahrmarkt oder für die Arbeiten an seinem Haus. Caspar Pfreundt notierte ganz genau, wann wer das Geld bei ihm abgeholt hatte. Es ist anzunehmen, dass Pfreundt kein Freund von Hanns Voll gewesen ist, denn nach Abschluss des Kapitels „Besoldung des Röhrmeisters" schrieb Caspar Pfreundt in sein Merkbuch „Gott Lob".

Viele Wittenberger Bürger waren von der Frische des Wassers begeistert. So dauerte es nicht lange, bis die ersten Stimmen laut wurden, auch andere Stadtviertel mit dem frischen Wasser zu versorgen. Der Rat der Stadt hatte der Röhrwassergewerkschaft eine Konzession ausgestellt. In dieser wurde ihr bestätigt, dass keine andere Bürgergruppe in der Stadt eine Wasserleitung legen durfte.
Ein weiser Beschluss der Gewerkschafter, hatten sie sich doch auf diese Weise ein Monopol gesichert.

1559
Immer mehr Bürger drängten darauf, ebenfalls mit dem frischen Röhrwasser versorgt zu werden. Die bestehende Gewerkschaft sah das gute Geschäft mit dem Wasser und beschloss, ein weiteres Röhrwassersystem zu bauen. Antrag und Genehmigung erfolgten in der gleichen Weise wie beim Alten Jungfernröhrwasser. Direkt nach Genehmigung durch den Stadtrat wurde eine zweite Gewerkschaft gegründet.
Der Richter Hamann aus Trajuhn stellte für den Kaufpreis von sechs Gulden ein Stück Land mit Quelle zur Verfü-

gung. Der Ort wurde Jungfraugarten genannt. Er lag außerhalb der Innenstadt, aber noch auf städtischem Gelände. Die Bauherren ließen auf ihre Kosten die Leitungen verlegen, hatten selbst aber keinen Bedarf. Sie wurden durch das Alte Jungfernröhrwasser ausreichend versorgt.

In diesem Jahr waren 19 Anschlussstellen verteilt. Das Wasser floss aber so reichlich aus der Quelle, dass ein zweiter Röhrenstrang, parallel zum ersten, verlegt wurde.

Das Schlossröhrwasser und das Alte Jungfernröhrwasser waren über die Brücke am Schlosstor und über die Arche in die Stadt geleitet worden. Die Leitungen des Neuen Jungfernröhrwassers ebenfalls über die Arche zu verlegen, wurde vom Kurfürsten nicht genehmigt. Wittenberg war aber eine von Wall und Graben umschlossene Stadt. Was tun?

Die Gewerkschaftsmitglieder hielten jedoch unbeirrt an ihren Plan, ein neues Röhrwassersystem zu bauen, fest. Und der Kurfürst hatte wohl nicht damit gerechnet, dass sie eine Lösung des Problems finden würden. Aber sie fanden eine Lösung!

Die Gewerkschafter ließen die Röhren unter dem neun Meter tiefen Wallgraben verlegen. Von der Quelle bis zum Wallgraben betrug die Entfernung 2.500 m. Es wurden für jede Leitung 1.178 Röhren verlegt. Jede Holzröhre war 2,20 m lang und hatte eine lichte Weite von 10 cm.

Die beiden Leitungen versorgten verschiedene Teile der Stadt. Für die Anschlüsse von der Straße zur Zapfstelle wurden schmalere Röhren mit geringerem Lumen verlegt. Alle Röhren waren mit Eisenbuchsen verbunden. So konn-

ten Höhenunterschiede überwunden und Richtungsände-
rungen erreicht werden.

Zweimal im Jahr wurden die Röhren gespült. Schlamm
und eisenhaltige Bestandteile, „die rote Jette" wie die Wit-
tenberger sie nannten, wurden herausgeschwemmt.

Aufgabe des Röhrmeisters war es auch, den Wasserfluss
der oberirdisch verlegten Röhren zu kontrollieren. Deshalb
waren die Holzleitungen in regelmäßigen Abständen mit
Löchern versehen, die mit Zapfen verschlossen waren.
Entfernte er sie, schoss das Wasser in einem hohen Strahl
heraus. War das nicht der Fall, konnte er von einer Ver-
stopfung der Leitung ausgehen. Er musste also das Prob-
lem beheben.

Im Sommer wurde von den Abnehmern des Neuen Jung-
fernröhrwasser wiederholt über Wassermangel geklagt.
Man fand heraus, dass Feldarbeiter unerlaubt Holzzapfen
aus den Röhren herauszogen hatten, entweder um das
Wasser selbst zu trinken oder das Vieh zu tränken. Oft
wurden die Spundlöcher von diesen Wasserdieben nicht
wieder richtig verschlossen. Sie wurden aber selten auf fri-
scher Tat ertappt.

1625

Wittenberg war zu einem bedeutenden Kultur- und Han-
delszentrum herangewachsen. Die Bevölkerung wuchs.
Um weitere Teile der Stadt mit reinem Wasser zur versor-
gen, veranlasste der Bürgermeister und Universisätspro-
fessor Ambrosius Rhode den Bau eines viertes Röhrwas-
sersystems. Er schloss sich mit weiteren Interessenten zu

cincr neuen Röhrwassergewerkschaft zusammen. Die Quelle wurde in dem Wittenberger Amtsdorf Reinsdorf erworben und durch einen Röhrmeister erschlossen. Das Rhodische Röhrwasser versorgte zunächst 19 Interessenten. Jeder von ihnen musste 100 Reichstaler für den Bau des Röhrensystems, das „Rhodische Röhrwasser", bezahlen.

1690
Innerhalb der befestigten Stadt war die Versorgung der Bürger mit frischem Wasser sichergestellt. Die Einwohner der Schlossvorstadt schauten neidisch auf die Röhrwassersysteme und wollten auch in den Genuss von sauberem Wasser kommen. Einige Vorstädter schlossen sich zu einer kleinen Gewerkschaft zusammen und beantragten beim Stadtrat die Genehmigung, ein eigenes Röhrleitungssystem und Anschlüsse an die Grundstücke zu bauen. Die Zustimmung wurde erteilt, und es konnten sechs Anschlüsse errichtet werden, die bis 1791 in Betrieb waren. Dieses Röhrwassersystem wurde „Eiserwasser" oder das „saure Wiesenwasser" genannt.

2017
Im Laufe der Jahre und Jahrhunderte wurden die Holzleitungen der Röhrwassersysteme immer wieder erneuert und ausgetauscht. Zunächst versuchte man, statt der ausgehöhlten Baumstämme, Tonröhren zu verwenden. Die Lebensdauer dieser Röhren war aber weitaus geringer, als die der Holzröhren.

Ab 1800 kamen Eisenröhren zum Einsatz. Von den fünf Röhrwassersystemen sind heute noch zwei vorhanden, das Alte und das Neue Jungfernröhrwasser. Bürger haben sich in einem Verein „Gewerkschaft Altes und Neues Jungfernröhrwasser e.V." zusammengeschlossen und sich zur Aufgabe gemacht, die noch vorhandenen Leitungen und Abnahmestellen zu erhalten.

Quellenverzeichnis
Schriftenreihe des stadtgeschichtlichen Zentrums Wittenberg Band 13,
- Wittenberger Röhrwasser – ein technisches Denkmal aus dem 16. Jahrhundert, Burkhart Richter
- Wasserversorgung Wittenbergs von früher bis heute, Burkhart Richter
Elbe Druckerei, Wittenberg, 1991

Weitere wichtige Informationen habe ich Wikipedia und anderen Internetseiten entnommen.

Fließe, Strom!

Klaus Krupa

Seit Jahrzehnten besuche ich regelmäßig meinen Geburtsort, ein Dorf am rechten Ufer der Mittelelbe, unweit der berühmten Stadt Wittenberg. Ich lebte in ihm als Kind in seiner großen Not, die ein Aufbruch wurde, erfreute mich an seinem wachsenden Reichtum, als wir schon in einer kleinen Stadt wohnten und ich meinen Beruf ausübte, und teile jetzt mit ihm im Innern sein stilles Sterben. Aber es hat noch eine besondere Bedeutung behalten durch seine Fähre, die gern zur Querung des Stromes benutzt wird, um schneller in das Gebiet der fischreichen Toten Arme der Elbe, des Dabruner Fleischerwerder, der Kleinen Eichen, in die Auewälder mit seinen seltenen Pflanzen und Tieren und zu dem großen Naherholungsgebiet um die lausiger Teiche zu gelangen. Du stehst am Anlegeplatz der Fähre, schaust zum anderen Ufer, der Blick wird angezogen durch das urwüchsige Gegenüber, von dem du dir wünschst, es bliebe ewig unberührt.

Ich hatte frühzeitig begonnen, meine Gedanken und Erlebnisse aufzuschreiben wie einen Almanach. Mir wurde immer bewusster, dass meine Kindheit in dieser Landschaft mein ganzes langes Leben umschlossen hat. Sie ist das Mark, um das sich die Jahresringe gebildet haben, gemasert von meinem Fühlen, frühem Erleben und meinen Werten. Es hat mich immer wieder den Kampf um meine Würde aufnehmen lassen.

Ich lege also einige Seiten aus diesen Erinnerungen vor: Die Geschichte vom Birnbaum.

Mein niedriges, altes Geburtshaus mit dem weinbewachsenen Giebel zur Straße stand am Ende des Dorfes. Hier beginnt eine Anhöhe, über die die Straße unbefestigt in den Wald führte.

1948, Ende August, ich war 13 Jahre alt, ging ich nicht gern in dieses geduckte Haus hinein; denn seit einiger Zeit wohnte dort mit uns ein fremder Mann, der Neue meiner Mutter. So sagte man im Dorf, aber nicht nur über ihn. Das war nicht nur wohlwollend gemeint. Mein Vater war schon im November 1941 in der Schlacht um Sewastopol gefallen.

Ich flüchtete fast täglich auf einen Birnbaum, in ihn hinein. Er war schon vor Jahrzehnten gepflanzt worden, vielleicht gleichzeitig mit dem Bau des Hauses. Und er stand noch bis vor einigen Jahren, dunkel, hoch, knorrig, seinen Schatten gegen das Haus werfend, in dem ich meine Kindheit erlebt hatte. Er hatte immer noch reichlich Früchte getragen.

Ende August waren die Birnen der Sorte Leipziger Rettigbirne reif, buttrig im Fleisch, saftig und sehr aromatisch. Sie sind heute nicht mehr zu haben, weil verdrängt und ersetzt. Da diese Birnen schon so verlockend waren, ehe sie geerntet wurden, gab es gute Gründe, in diesen Baum zu steigen. Aber der Neue sah das anders: Einige Äste seien brüchig trocken. „Du steigst da ohne Leiter nicht hinauf!"

Er suchte eine erste Kraftprobe. Ich solle sinnvoller – wie er sich ausdrückte - meiner Mutter im Garten helfen. Die erste, schon ein wenig schäumende Welle rollte zu ihm zurück. „Du hast mir gar nichts zu sagen!", sollte meine Abwendung, Hände in den Hosentaschen, aussagen. Er brachte meine Mutter auf seine Seite, aber sie verbot es mir nicht direkt. Sie war bedrückt. Mein Herz begann sich mit Nein! zu füllen und verschloss mir den Mund. Er aber behielt die Ruhe und sprach weiter mit mir.

Den nahen Strom querte schon damals eine Fähre. Ich hatte mich mit dem alten Fährmann angefreundet und verbrachte fast jede freie Zeit bei ihm. Er war mir wie ein Vater geworden. Bei ihm war ich Fährmann.

Der Neue meinte, ich vernachlässige mein Lernen für die Schule, also fürs Leben und leitete den Abschied von der Fähre zügig und überzeugend für meine Mutter ein. Zum Abschied von der Fähre schenkte mir der Fährmann ein Fernglas, das ein flüchtender Offizier bei Kriegsende auf ihr hatte liegen lassen.
Seitdem richtete ich kein Wort mehr an den Neuen. Er ertrug es, denn Mutter übernahm meine Rolle.

Im Birnbaum fühlte ich mich sicher, dass mir die älteren Jungen den Feldstecher nicht wegnahmen. Auch vor ihm sollte es sicher sein damit er nicht als Mittel der Erpressung benutzen konnte, wie ich befürchtete. So ungefähr malte ich es mir jedenfalls aus: „Du bekommst es erst wieder, wenn du weniger als vier Fehler im Diktat hast!"

Ich führte das Fernglas von hier oben im Birnbaum erstmals in Ruhe vor die Augen. Welch neue Perspektive bot sich mir! Eine erste Erfahrung, dass Ferne und Nähe relativ sind. Was war das auf einmal für eine Wirklichkeit! Da kommt einem das Einzelne vor die Hände, und man kann es nicht greifen! Dann ist die Mutter wieder ein kleines Mädchen, der kleine Hund groß wie ein Wolf und die Ziege eine Handvoll weißer Wolle, der Kirchturm der nahen Stadt stand nun mitten im Dorf, das keine Kirche hatte. Den Neuen entfernte ich, dass er ganz klein wurde.
Der Neue hatte natürlich gesehen, dass ich mit einem Feldstecher in der Krone des Birnbaumes stand. „Komm, ich zeige dir, wie man es richtig handhabt", sagte er. Aber ich verweigerte hartnäckig seine Hilfe. Er hat sie nicht wieder angeboten.

Ich war fast jeden Abend oben im Birnbaum, in einer Astgabel stehend und habe laut Lieder gesungen. Eins, zwei, drei war ich im Baum verschwunden. Meist begann ich mit einem Volkslied wie „Am Brunnen vor dem Tore" oder „Im schönsten Wiesengrunde" sowie mit dem Anfang von „Wacht auf, ihr kleinen Vögelein". Die Vögel duldeten mich und flogen bei meinem Erscheinen nicht mehr auf. Bald aber ging mein Gesang über in lautmalende, oft traurige selbsterfundene Melodien. Ich schaute mit meinem Fernglas in die Tiefe, dann in die Höhe und befand mich mit verzerrter Perspektive in einem Grenzgebiet: Erhebe ich mich nun, das Fernglas vor den Augen und schwebe über das Dorf hinweg in die Ferne oder stürze ich mich hinab mit der verkleinernden Sicht auf den Neuen als Stein. Ich hatte als Kind nie einen Berg gesehen, nun hatte ich einen Gipfel erobert.

Mein Fühlen und Denken und Wollen pendelte zwischen zwei Polen: einem positiven und einen negativen. Der positive vermittelte mir das Gefühl der Freiheit, der negative machte mich satt. Also stieg ich abends wieder herab und ging ins Haus, um zu essen.

Dann war seine Tabakspfeife weg. Sie hatte den Polenfeldzug überstanden, den durch Frankreich und den letzten durch die Sowjetunion und zurück, eingeschlossen die Kriegsgefangenschaft. Die Tabakspfeife war ausgerechnet aus Birnbaumholz. Nicht zu finden. Ihm troff der Verdacht aus allen Poren auf mich herab, aber er sagte nichts. Mutter fragte nur einmal. Ich schwor bei allen Indianerhäuptlingen, dass ich sie nicht versteckt hätte. Sie war sehr bedrückt, und beide tuschelten am Abend lange miteinander. Ich hörte Mutter weinen. Wegen einer lumpigen, stinkenden Pfeife!, dachte ich, suchte auch nicht mit, wenn man mich sah. Heimlich kramte ich wie beiläufig im Haus, Stall und Garten. Mutter besorgte von irgendwoher eine richtig neue. Mit verzogenem Gesicht rauchte er sie ein. Ich glaube, wenn Mutter nicht so für mich gesprochen hätte, er hätte aufgegeben und wäre ausgezogen. Sie tat mir unendlich leid. Und diesen Onkel Ernst begann ich zu hassen. Wenn ich die Tabakspfeife finde, zerbreche ich oder verbrenne ich sie, das schwor ich mir oder ich stopfe sie mit Ziegenkutteln, das schwor ich ihm.

Eines Abends stand ein fremder junger Mann unter dem Birnbaum, beschattete seine Augen und schaute zu mir herauf. „Was suchst du da oben?", rief er. Ich wusste keine Antwort. Sollte ich sagen: „Ich singe! Wir haben im Dorf keine Kirche, und da singe ich hier oben ein Abendlied statt des Glockenläutens." Ich fragte aber stattdessen: „Wer bist du?" „Soll ich heraufsteigen und es dir erzählen? Ich bin der neue Lehrer. Wenn du aus dem Dorf bist, bald auch deiner." Ich hatte mich nicht beirren lassen und gesagt: „Wir haben doch einen. Wir brauchen keinen neuen!"
„Ihr hattet einen", war die Antwort.
Seine Worte klangen wie eine Drohung. Es war, als bräche unter meinen Füßen der Ast weg. Selbst die Vögel flogen auf. Der alte Lehrer war trotz seines Alters von imponierender Gestalt. Er war schon Dorfschulmeister der Eltern gewesen. Sie nannten ihn hinter der Hand, wenn sie von ihm sprachen, Paule. Wir beteten ihn an und waren doch Gleichgesinnte. Er war wie ein Mann mit einem Pflug in den Händen, den Boden für das gegenseitige Verständnis aufzubrechen. Ich wurde einmal ausgewählt anzuzweifeln, dass er ein Holzbein hat als Mitbringsel aus dem I. Weltkrieg. Da schob er das Hosenbein herauf, schnallte die Prothese ab und knallte sie als Beweis auf das Pult. Wir

saßen wie erstarrt vor Scham. Dann unterrichtete er ruhig weiter.

Der junge, picklige Neulehrer, der uns dann nach und nach in den Griff bekam, war wegen des Großen und Ganzen zu uns geschickt worden. Er sollte uns, wenn es gelang, alle die Türen öffnen, sodass man später nur noch hindurchgehen musste. Er suchte Himmel und Erde ab, ob nicht noch eine Türe zu öffnen sei. Aber wohin willst du noch gehen, wenn schon alle Türen geöffnet sind für dich? Was wirst du tun, wenn du eine verschlossen findest und keinen passenden Schlüssel selbst anfertigen kannst, um sie zu öffnen?

„Du solltest von deinem Baum heruntersteigen, aufs Feld gehen und bei der Ernte helfen!", rief er einmal zu mir hinauf. „Außerdem naht ein Gewitter aus Südwest." Damit verabschiedete sich der Neulehrer. Er schien sich im Haus gegenüber verabredet zu haben. „Wenn du mich wieder störst", rief ich ihm halblaut hinterher, „dann kacke ich dir auf den Kopf!"

Es war Getreideerntezeit. Das angekündigte Gewitter meldete sich mit kurzen Windstößen. Ich richtete mein Fernglas in Richtung eines haushoch beladenen Erntewagens, das sich dem Gehöft gegenüber näherte. Die Einfahrt bestand aus einer kleinen Steigung. Der Bauer Last begann neben dem Gespann herzurennen, schwang die Peitsche über den Kruppen der Pferde, schlug gebremst zu, die

Pferde knickten mit den Hinterbeinen ein. Alle Muskeln waren sichtbar gespannt. Die Pferde kamen in Trab. Die Tiere verwandelten sich in reine Kraft. Das Gewitter stand nun über uns. Es donnerte und blitzte gewaltig, aber es fiel noch kein Tropfen Regen. Der Neue rief vom Hof her, ich müsse sofort herunterzusteigen. Aber ein Lied, das ich in diesem Augenblick für den Bauern und seine Pferde erfand, erschöpft vom Bangen und Hoffen und der Erlösung, schickte ich erst noch in die schwarzen Wolken über mir. Der Wagen kam zum Stillstand. Später dachte ich immer wieder an diese Szene, wenn ich mich hoffnungslos wähnte und meine Hände vor das Gesicht schlug.

Ernst, der Neue, hatte unter dem Baum gestanden und geschrien, dass ich den Baum sofort verlassen müsse und mir die Hände entgegen gestreckt. Ich habe auf halber Höhe verharrt, er hatte die Arme gesenkt, ich war an ihm vorbei ins Haus gelaufen

Ich war aus höherer Warte wieder einmal Zeuge eines besonderen Ereignisses. Ich sah mit meinem Fernglas als Erster, dass ein Heimkehrer aus der Kriegsgefangenschaft in unser Dorf trat. Und wieder erbebte mein Herz, dass der Wipfel schwankte, als müsse er abbrechen mit mir und ich könnte an sein Herz fliegen; denn ich wollte nie akzeptieren, dass er, mein richtiger Vater, zerrissen worden sei in der Krimsteppe. Ich hatte immer die Hoffnung genährt, dass er einst zurückkehren werde. Das war der eigentliche Sinn meines In-den-Baum-Steigens.

Unter der Linde hatten sich die alten Dorfweiber versammelt wie ein antiker Chor und verfolgt, wie der Heimkehrer an die Tür des Nachbarhauses klopfte, die sich einen Spalt, dann ganz öffnete. Er wurde mit einem Schrei der Nachbarin hineingezogen ins Haus.

Und wieder war es nicht mein Vater gewesen, konnte es nicht sein! Rasch verließ ich meinen Birnbaum mit einem Sprung zwischen die kreischenden Frauen, lief in meine Dachkammer und weinte, bis mich meine Mutter in ihre Arme nahm.

Beim Ausmisten des Ziegenstalls fand ich die Tabakpfeife. Ich zeigte sie triumphierend der Mutter. „Bitte sag ihm noch nichts", bat ich; denn Ernst fehlte am Tisch. Mutter versprach es, als sie sah, dass ich dabei war, auf die Knie zu sinken. Sie stand vom Tisch auf, trat ans Fenster, wies hinaus und sagte, er habe die Fähre übernommen. „Was hat er? Er hat was übernommen?", rief ich ungläubig, sprang auf, kletterte in den Baum und hielt das Fernglas vor die Augen. Ich sah die Fähre mitten auf dem Strom ruhig übersetzen und sah Ernst. Ich rannte zur Anlegestelle, hockte mich hin und sah zu, wie er anlegte. Ernst lachte. „Komm rauf", rief er. Ich zögerte. Ich hatte erkannt: Diese Mann ist ein Könner! Nach dem dritten Übersetzen stand ich neben ihm und war wieder Fährmann! Ich war wieder Fährmann auf der schwierigen Gierseilfähre, einer Fliegenden Brücke!

Anfang Oktober war Erntedankfest. Es begann mit einem bunten Umzug, der auf dem Dorfanger endete. Dort stand ein riesiger Baumstamm, an dessen Spitze ein bunter Kranz schaukelte. An dem Kranz hingen auch kleine, damals kostbare Preise für die Jungen, die sie durch Erklettern abpflücken sollten. Ich stand am Rande des Festplatzes. Die Feuerwehrkapelle spielte auf. Der neue Lehrer hatte in den Ferien einige Tänze mit Schülern eingeübt. Wera ergriff mich, zog mich in den Kreis und lachte mich so hell an, dass ich nicht anders konnte, als auch zu lachen und zu jauchzen, wie es der Tanz verlangte.

Mutter und der Neue sahen zu, ich bekam das auch beim Drehen mit. Als der Tanz zu Ende war, sah ich in Mutters Gesicht wie in ein aufgeschlagenes Buch: schwieriges Glück. Auch der Neue schaute zu mir und kam mir mit einem Schritt entgegen. Da lief ich hin zu ihnen, sie nahmen mich in die Mitte und ich sagte: „Ich hole uns den ersten Preis herunter, versprochen!" „Ja, zeig es ihnen, Kletterkönig!", sagte der Neue. Oben holte ich die Pfeife aus der Hosentasche und unten gab ich sie ihm. Im Sommer hätte ich sie ihm noch vor die Füße geworfen.

Nun stehe ich wieder an der Stelle, wo der Birnbaum einst gestanden hatte. Er hatte zu nahe an der asphaltierten Straße gestanden und war zu einer Gefahr geworden.

Ich bin alt, und mein Sohn hat mich in mein Heimatdorf gefahren. Ich hatte begonnen, ihm von meinem Gesang im

Birnbaum zu erzählen, um ihn für die vielen anderen Seiten meines Erinnerungsalmanachs zu interessieren. Ich weiß nicht, ob er mir zugehört hat. Der Fahrtwind hatte manchen Satz weggerissen. Zumindest hat er ab und zu genickt. Jetzt sah er sich das seit einiger Zeit leerstehende, aber sanierte Haus mit dem Garten an, das durch Überschreibung sein Eigentum geworden war.

In meiner Phantasie ließ ich meinen Birnbaum noch einmal erstehen. Viel höher, als er wirklich war, überragte er alles im Dorf. Einmal, so erinnerte ich mich, hatte ich in seinem Wipfel eine Melodie erfunden. Und ich sagte damals laut wie zu den Vögeln, deren geduldeter Gast ich immer geblieben war: Wenn ich diese Melodie einmal wiederfinde oder sie, ohne es zu wissen summe oder singe, dann wird es das Zeichen sein für meinen Tod. Aber die Melodie hat sich wohl sehr tief in mir vergraben, und manchmal glaube ich, dass ich sie bei einer anderen Gelegenheit erfunden und ihm einen anderen Sinn gegeben habe.

Und später? Man schlägt ein Buch auf, in dem man vor langer Zeit gelesen hat, sucht eine bestimmte Stelle und findet sie nicht mehr. Vielleicht erschließt sich durch solches Suchen ein ganz anderer Sinn des Ganzen.
„Welcher", fragte mein Sohn. Ich musste laut gedacht haben. Ich sagte: „So hoch und frei und fest der Birnbaum auch war, der hier einmal stand, mit dem Himmel über sich und manchem Geschehen darunter: Mit den Wurzeln

stand er dennoch fest verbunden mit der Erde. Also sag mir, Junge: Wie lautet deine Entscheidung über das Haus am Ostufer der Elbe und mit der Möglichkeit, jederzeit ans andere Ufer überzusetzen?"

Und ich ging mit meinem Sohn langsamen Schrittes Richtung Fähre, um Abschied zu nehmen von ihr und dachte nach, da mein Sohn sich mit seiner Entscheidung zurück hielt. Dieser Strom, die Elbe, ist kein sagenumworbenes, reißendes Gewässer, auch in seinen Anfängen nicht, sondern sie fließt gemächlich, mit einigen Verengungen und ausladenden Breiten und ihren dennoch gefährlichen Strudeln ihrem Ziel, der Nordsee zu. Dieser Strom leidet nun seit Anfang der neunziger Jahre unter der ständigen Furcht, begradigt und dadurch von seinen saftigen, tischebenen Wiesen und dichten, einmaligen Erlenwäldern, in denen sich die Reiher wieder angesiedelt haben und der wieder erstandenen Biber sich zunehmend vermehrt, in denen es knarrt, scharrt, trommelt, kreischt und knackt, empor bricht und einfällt, mit den sogenannten Toten Armen, den fischreichen Abkömmlingen des Uralten, mit den Kopfweiden als strenge Wächter, von all dem demnächst getrennt und dadurch zu einem potenten gefährlichen Tier zu werden. Denn wenn die Wasser unbesänftigt steigen, nach der Schneeschmelze oder nach kurzen ungeheuren Regenstürzen, oder nach wochenlangen Regengüssen das Land versinken lassen. So habe ich es in den alten Büchern gelesen: Penäus dehnt sich, streckt sich, erwacht, räuspert sich und schwillt an; ihm wird das Bett zu eng, er quillt über, er ruft seine Töchter, sie kommen rasch und geil und räumen alles beiseite, was ihnen den Weg zu ihrem Vater verstellt hat: Häuser, Straßen und Brücken, Bäume, Berghänge. Aber der Alte ist von stoischer Ruhe und Gleichmäßigkeit und Gründlichkeit, wenn er die Dämme betastet, dann durchdringt und überspült, dass die Biber fiepen und die Mäuse springen in die Höhe und ertrinken. Die kleine Rinderherde dreht sich auf der winzigen, verbliebenen Insel in rasender Angst um einen unsichtbaren Pol, ehe sie nach und nach von den gemächlichen Fluten aufgesogen wird, das Reh streckt seinen Kopf flehend aus dem Strudel. Oder er ergießt sich mit ungeheurer ruhender Kraft über weite Flächen und durch Städte und Dörfer und sucht seine Opfer, und die Menschen rufen die Götter an mit der Frage, warum diese die Menschen nicht gewarnt und Zeichen gesetzt haben. Und sie überlassen voller Tränen und Wut und Verzweiflung und mit wehen Blicken ihre Habe und Bleibe und ihr Erbe den Fluten. Penäus ruft den zänkischen und charakterlosen Ismenos zum kurzen gemeinsamen Treiben und Spiel. Dann trennen sie sich müde und kehren schmollend und nachgiebig in ihre unbequemen Grenzen zurück, die ihnen die Menschen gesteckt haben. „Und dennoch", brachte ich meine stillen Gedanken zu Ende, „es werden auch in Zukunft Mann für Mann und Frau und Kind in Ruhe die Fähre betreten und aufrecht stehen für die Überfahrt an andere Ufer. Für welche Menschen wird dann dieses Ufer sein?"

Ich wandte mich, an der Anlegestelle angelangt, nochmals an meinen Sohn: „Also sage mir, mein Junge, wie lautet deine Entscheidung: Willst du das Haus verkaufen oder hier leben?"

Leben am Fluss

Katharina Düwel

Immer wieder erinnere ich mich an die Flutkatastrophe 2002 – elf Jahre ist das her - und damit im Zusammenhang an einen seltsamen Traum. Es war wie eine Vorahnung schwieriger Zeiten, die wir ja dann auch erlebt haben. Eine Freundin hat diesen Traum später auf eine andere, praktische Deutung gebracht. Damit hat sie mir geholfen, aus der Depression herauszukommen, in die ich durch die Ereignisse hineingeraten war. Ich habe angefangen, aus meinen Talenten, die ich gar nicht gekannt hatte, etwas zu machen. Orientalischer Tanz und Seiden- bzw. Aquarellmalerei stehlen mir nicht die Zeit, im Gegenteil, ich schaffe alles genau so gut und mit mehr Lust.

Die erneute Flutkatastrophe im Juni dieses Jahres stürzte uns alle, auch unsere Familie und mich, wiederum in große Besorgnis und Ängste. Doch diesmal ist unser Dorf verschont geblieben.

Der Sommer hat den Garten in ein farbenprächtiges Paradies verwandelt. Auch die Gladiolen, Monikas Lieblingsblumen, stehen voll in Blüte. Dazu ein buntgetupftes Kleid: Monika Walter lehnt mit dem Telefonhörer in der offenen Terrassentür. Duft zieht herüber, vor allem nach frisch gemähtem Gras.

Es ist Samstagvormittag, der 10. August - ein Sommertag, wie man ihn sich nur wünschen kann. Die Gartenarbeit liegt bereits hinter Monika - Hitze ist angesagt, wie in den vorangegangenen Tagen. Bald wird sie Fenster und Außentüren schließen.

Silke meldet sich: „Ja, hallo, Moni?"

„Du, ich brauch deinen Rat! Zu einem Traum!", sagt Monika. Sie weiß, dass sich Silke für Traumdeutung interessiert.

„Wieder mal? Deine Traumserie reißt ja gar nicht ab! Na leg los!", gibt die Freundin zurück.

Einen Stiel mit rot aufgehenden Gladiolenblüten hatte Monika geschnitten und war damit zum Gartenteich gegangen. Sie stolperte und der Blumenstängel fiel ins Wasser. Während sie versuchte, ihn herauszufischen, sank der Wasserspiegel und der Teich floss ab – in den im Traum nahen Fluss. Die Blume schwamm mit, aber kaum war sie im Flusswasser, bewegte sie sich stromaufwärts. Monika stieg ins Wasser, der Blume hinterher, doch die Strömung ließ sie nicht vorwärts kommen. Schnell war auf der glitzernden Wasserfläche nur noch ein kleiner roter Punkt erkennbar.

„Das ist ein etwas schwieriger Traum! Im Moment weiß ich nicht, was ich dazu sagen soll!"

Später ruft sie zurück.

Ich hätte möglicherweise eine versteckte Angst, meint Silke. Warum? schreibt Monika in ihr Tagebuch. Mir – uns - geht es gut, und das schon seit Jahren. Wir haben unser Haus nochmal überholt und manches ausgetauscht. Besser muss es kaum werden! Und das war längst nicht so kompliziert wie früher in der DDR. Da musste ja alles organisiert werden: Ob das nun Dachziegel oder Fliesen, ob es

Waschbecken samt Wasserhähnen und Abflussleitungen oder sogar Arbeitsleistungen waren – es wurde ja auch alles getauscht und gekaupelt, egal, wo es herkam. Wenn wir damals nicht so in Bedrängnis gewesen wären, könnte man heute lauthals lachen über die Kopfstände, die wir gemacht haben. Silke und Volker haben ja zur gleichen Zeit gebaut, und das war ein Glück. Sebastian war unterwegs und wir konnten einfach nicht bummeln. Mit viel Unterstützung haben wir es dann geschafft: Als ich mit Sebastian aus dem Krankenhaus kam, konnte ich mein Kind in dem frisch eingerichteten Haus stillen. Und Henrik war überglücklich mit seinen zehn Jahren. Er bekam ein schönes helles Zimmer.

Wieso kommen mir jetzt diese Gedanken? Ist doch lange her, wir haben so ziemlich alles, was wir brauchen! Silke samt Familie geht es auch gut. Der Sommer ging auf und ab bis jetzt, es gab aber auch schöne Tage. Das Obst ist gereift und ich konnte und kann einwecken … viel Arbeit noch. Bald heiratet Ralph. Wo liegt der Punkt für Angst?

Einige Tage später hätte Monika diese Worte wohl so nicht mehr geschrieben.

Es hatte sich vorbereitet. Nur wenige ahnten es oder wussten etwas im Voraus. Ein Tiefdruckgebiet über dem Mittelmeer, weit weg. Dessen Vorläufer waren an der Nordsee durch Kaltluft nach Westen abgedrängt worden und an der Atlantikküste nach Süden gezogen, bis zum Mittelmeer mit einer Wassertemperatur von 24 Grad Celsius. „Ilse" wurde das Tief genannt. Über dem Golf von Genua tankte es Feuchtigkeit – die warme Luft hatte ein riesiges

Fassungsvermögen für das ebenfalls warme verdunstende Wasser. Die weitere Reise der mit Nass vollgesogenen „Ilse" führte über die nördliche Adria und am Ostrand der Alpen vorbei. Diese sogenannte 5b-Wetterlage hatte sich schon in der Vergangenheit gefährlich gezeigt und vor einigen Jahren zum Oderhochwasser geführt.

In den meteorologischen Stationen nun besorgte Gesichter. Wo würde „Ilse" ihre Schleusen öffnen? Eine kräftige Nordwestströmung drückt „Ilse" gegen die Nordwand des Erzgebirges, das sie im Begriff ist zu überqueren. Und dann regnet es, sintflutartig. Die Erde war schon durch vorausgegangene Niederschläge von Wasser gesättigt. Die heißen sonnigen Tage Anfang August waren ein kleines Intermezzo. Den Starkregen, der nicht aufhört, müssen die natürlichen Wasserwege aufnehmen – aber die Wassermenge, die vom 12. bis zum 14. August niedergeht, überfordert die Flüsse.

„Eckart!", ruft Monika am Mittwoch, als sie ziemlich durch-nässt von der Arbeit kommt – denn auch hier regnet es, wenngleich nicht so stark wie bei Dresden. „Verstehst du das? Was kommt da auf uns zu?"

„Die Elbe zeigt ihre Zähne, Moni. Mehr kann ich auch nicht sagen, nicht mal, ob wir uns auf irgendwas gefasst machen müssen!",

„So etwas gab`s doch noch nie! Wieso macht uns der Fluss plötzlich Angst? Kann da niemand was tun?"

„Nein, wir müssen abwarten, höchstens am Deich können wir arbeiten. Er wird ja schon verstärkt und mit Sandsäcken erhöht. Wir hatten gute Jahre hier an der Elbe, stimmt's? Aber einen Anspruch darauf haben wir nicht. Denk mal an andere Länder, wo es immer wieder Katastrophen gab und gibt."

Monika sieht ihn mit großen Augen an. So weit hatte sie nie gedacht.

„Da sollten wir dankbar sein dafür, dass es uns bisher so gut ging!"

Er nimmt seine Frau in die Arme. Eckarts kleine Rede hat Monika ratlos gemacht. Als sie später darüber nachdenkt, geht ihr auf, dass Eckart ebenfalls Angst hat.

Für Pegelstände hatte sie sich kaum jemals interessiert. Die Hochwasser waren gekommen und gegangen, anders kannte sie das nicht. Die Deiche und die Auen hatten das Wasser von den Dörfern ferngehalten. Die überschwemmte Aue gab der Landschaft stets eine besondere Stimmung. Manchmal war Monika mit Eckart an die überfluteten Wiesen gegangen, um über die glänzende Wasserfläche zu schauen, auf der sich Wolken und die vereinzelt stehenden Auenbäume spiegelten.

Jetzt läuft die ganze Zeit das kleine Radio in der Küche und auch der Fernseher im Wohnzimmer ist eingeschaltet. Freital wird evakuiert, in Dresden steht das Wasser in Friedrichstadt. Teile des Ortes Wesenstein wurden ohne Warnung weggerissen, es gab Tote. Und die Freiberger Mulde …

Monika hält das nicht aus, sie muss etwas tun. Sie erntet trotz des Regens einen Teil der Gurken, um sie zu verarbeiten. Das beruhigt. Sie muss für die Familie da sein, für die beiden Jungs. Bald riecht es in der Küche nach Essig und Gurkengewürzen. Als keine Gurken mehr da sind, kocht sie Brombeermarmelade.

Die Hoffnung, von der Flut verschont zu werden, sinkt mit jedem Tag. Wie ein Polyp greift sich der Fluss ein Dorf nach dem anderen. In den Orten reagiert man unterschiedlich. Eine Gruppe von Einwohnern aus einem größeren Dorf, wenige Kilometer stromauf, lässt sich nicht evakuieren.

„Hast du das gehört, Monika? Sie haben die Kinder und älteren Leute in die Stadt gebracht und leben ohne Wasser, ohne Strom.", erzählt Eckart. „Sie wachen Tag und Nacht am Deich. Das Ortsschild haben sie überklebt – da steht Gallien. Ein Lichtblick – solche Verwegenheit!"

Tatsächlich droht der Deich zu brechen – und sie werfen beinahe kopflos in dunkler Nacht Sandsäcke über Sandsäcke in den Riss. Sie retten mit ihrer lebensgefährlichen Aktion ihr Dorf! Das erfährt man später, als alles vorüber ist.

Silke ruft aus dem südwestlichen Nachbardorf an. „Stellt euch vor, sie haben den Polder unter Wasser gesetzt, der Deich wurde durchstochen. Die Polder-Höfe sind überflutet, aber wir hier im Dorf einstweilen gerettet! Möchte gern wissen, wer auf die Idee gekommen ist! Das gibt Zoff!" Die Stimme der Freundin klingt trotzdem erleichtert.

Später wird ein Prozess einberufen, der „aus Mangel an Beweisen" abgebrochen werden muss: Alle haben dicht gehalten. Doch noch Jahre danach liegen die beiden Ortsteile im Streit.

Die Hochzeitsfeier von Monikas Bruder findet im Heimatdorf der Braut im Fläming statt. Walters haben beschlossen, trotz der kritischen Situation nicht abzusagen. In diesem Teil des Fläming ist – kurioserweise – die Waldbrandstufe vier ausgerufen worden. Der Kiefernwald ist knackend trocken. Datum: 16. August.

Monika stellt die selbst gestaltete Schwarzwälder Kirschtorte ins Auto, ein kleines Kunstwerk. Ungewöhnlich für die Gastrolle auf einer Hochzeitsfeier - Walters suchen alle wichtigen Papiere zusammen und packen sie ein.

Als Eckart Monikas Gesicht sieht, hat er einen Scherz auf Lager: „Ist das nicht, als ob wir selber heiraten wollen? Im Ernst, Moni, wenn ich nicht schon dein Mann wäre, würde ich dich heute heiraten!"

Monika gibt ihm einen Kuss, ihre Augen leuchten auf. Sie hatte sich mit siebzehn in Eckart verliebt und auf ihn gewartet. Für einen kurzen Moment erinnert sie sich an ihre eigene Hochzeit – es war einer von den Tagen, an denen alles klar und transparent scheint: die Sonne, warm, aber nicht heiß, und ein leichter Wind, der mit Monikas Brautkleid spielte. Das Glück, zukünftig immer mit Eckart zusammen zu sein. Bis heute hat sie es nicht bereut.

Doch jetzt kommen ihr die Tränen: Lautsprecherwagen sind im Dorf aufgetaucht – Evakuierung. Das Wasser steht hart unter der Deichkrone.

Die Jungen nehmen Hund Atax und die braunschwarze Katze Pompi im Auto auf den Schoß, die Tiere werden später als Hochzeitsgäste willkommen geheißen. Über den

Scherz lacht niemand. Monika sitzt mit klammem Herzen an der Festtafel. Eckart schwenkt sie beim Tanz herum, er will sie ablenken, die Stimmung im Saal ist fiebrig.

„Trinken wir auf unser Brautpaar!", ruft der Brautvater. Die Braut ist wunderschön in ihrem duftigen Kleid. Und die Gäste gehorchen, sie wollen ihre Sorgen vergessen. Heute sind sie ja hier und können das Wasser nicht aufhalten. Doch immer wieder scheren einige aus und hocken vor dem kleinen Fernseher in der Saalecke.

„Eine seltsame Hochzeit war das", stellen Ralphs Schwieger-eltern später fest. Walters bleiben mit Kind und Kegel im Flämingdorf.

Die schreckliche Nachricht kommt am Sonntagabend: Deichbruch im Norden ihres Dorfes. Die Flut wälzt sich durch eine 80 m lange Deichlücke ins Hinterland und erreicht bald die ersten Häuser. Besonders Monika hält den Druck des Geschehens kaum aus. Sie sitzt fern davon und kann nichts tun als sich das Unvorstellbare vorstellen.

Währenddessen scheint fahles Mondlicht auf die schwarzen Wassermassen. Nach Stunden stehen die tiefer gelegenen Häuser - mehr als die Hälfte - über einen Meter tief im Wasser.

Die Walters können nicht in ihr Dorf zurück. Sie können sich die Situation nicht einmal ansehen.

Wo sonst um diese Jahreszeit die Wiesen mit den weißen Blütensternen der Hundskamille übersät sind, wo auf kleinen verträumten Weihern Seerosen blühen - dort befindet sich ein endloses Meer. Auch landwirtschaftliche Nutzflä-

chen stehen unter Wasser, vor allem noch nicht abgeernte-
te Maisfelder.

Es ist aus. Das Schlimmste ist passiert. Ich kann es mir
nicht vorstellen, nicht fassen, vertraut Monika ihrem Ta-
gebuch an. Dieses verfluchte Wasser! Am liebsten würde
ich hierbleiben. Es ist schön hier, die Landschaft anders
als bei uns, hügelig, lieblich, mit Kiefern. Und so fried-
voll. Bei strahlender Sonne. Das, was gerade wenige Ki-
lometer von hier geschieht, ist für mich unwirklich, ab-
surd. Vielleicht ist es gar nicht wahr!

Ein Urlaub ist es nicht bei den Verwandten, trotz der Idyl-
le. Zumindest können sie von hier aus ihrer Arbeit nach-
gehen, nur dass der Weg weiter ist. Monika geht es nicht
gut.

Nach Feierabend versucht sie im Garten zu arbeiten, wie
sie es auch zu Hause tun würde. Aber es ist eben nicht der
eigene Garten und auch ihr eigener vertrauter Haushalt
fehlt ihr. Die Gartenarbeit, die sie sonst so gern macht, ist
eher schwer für sie, nicht entspannend, und so liegt sie
zum Feierabend oft oder sitzt untätig auf der Terrasse.

„Ich bin bloß noch eine Last für euch alle, ich bringe ein-
fach nichts zustande. Und obwohl ich immerfort müde bin,
schlafe ich schlecht!"

„Aber dafür musst du dich doch nicht rechtfertigen!"

Eckart fühlt sich hilflos. Monika wirkt matt, ihre Bewe-
gungen sind langsamer als gewöhnlich, sie hat ihre ge-
wohnte Energie verloren. Dabei steht das Schlimmste
noch bevor.

Das Wasser geht langsam zurück, wird auch abgepumpt, nachdem das gebrochene Deichstück notdürftig erneuert wurde, sie können zu ihrem Haus. Doch das ist nicht mehr ihr Dorf. Auf den Straßen grauer Schlamm, ebenso in den Gärten, Blumen und Gemüse völlig verdorben, in den Obstbäumen und Gehölzen gelbgraue Pflanzenteile, die noch die Stromrichtung

anzeigen. Im Walterschen Apfelbaum hängt eine tote Katze. Es stinkt. Erster Sperrmüll liegt an den Straßen, die Autos des THW stehen überall, die Männer des THW – zum Teil von weither angereist – packen mit zu.

Eckart sieht sich das Haus an, während Monika vorsichtshalber im Auto sitzen bleibt. Alles verdorben, Möbel, Tapeten, Gardinen, das Gefriergut in der Tiefkühltruhe, es riecht faulig und miefig, überall Nässe, der Fußboden bedeckt mit einer stinkenden Pampe.

Gerümpel, ehemals Möbel und Hausrat, wird in den folgenden Tagen vor die Tür geschafft. Transporter sammeln Sperrmüll ein. Sogar das ganze Eingemachte muss weggeworfen werden – Seuchengefahr durch tote Tiere. Kirschen, Erdbeeren, Himbeeren und die gerade eingekochten Gurken sowie die Brombeermarmelade – alles wandert in den Container. Die Arbeit des Sommers ist dahin.

Der Setter jault auf, ein Fahrzeug des THW ist beim Zurück-rollen über seinen Schwanz gefahren. Der Schwanz bleibt liegen. Monika läuft erschrocken zu ihm hin und versucht das Tier zu beruhigen.

„Eckardt! Ihr müsst ihn sofort zum Tierarzt bringen!", ruft sie angestrengt.

Zusammen mit Henrik tragen sie das Tier zum Auto. Als Henrik später mit Atax zurückkommt, ist der Hund noch in der Narkose. Der Tierarzt hat sofort operiert. Freilich wird Atax ohne den Schwanz nie wieder ganz der Alte sein.

Monika denkt an ihren Traum. So ist es also gekommen. Was sie selbst jetzt schon überflutet hat, ist aber kein Wasser, sondern eher eine diffuse Dämmerung. Sie schreibt nichts mehr in ihr Tagebuch. Herz und Kopf sind in einer anderen Welt. Vieles von dem, was real um sie herum passiert, nimmt sie kaum wahr. Und wenn doch, trifft es wie ein Stein.

"Der Hund hat keinen Schwanz mehr! Die Weihnachtskugeln sind weg!"

"Ach, wir kaufen neue, die gibt´s doch jetzt!" Eckart legt den Arm um die Schultern seiner Frau, obwohl - ihm ist ja selbst zum Heulen zumute.

Auch der Hund sieht aus, als würde er gleich schluchzen. Den Schwanz kann er nicht mehr hängen lassen.

"Kommt in den Westen! Ich habe Arbeit für Euch. Ein Haus finden wir auch ..."

Angelika, die den Brief schreibt, hat früher in einem Magnet-Kaufhaus gearbeitet. Eines Tages waren Weihnachtskugeln gekommen - Bückware. Angelika hatte mehrere Kartons Kugeln mitgebracht und Monika die Hälfte gegeben. Diese Kugeln hatte sie wie ihren Augapfel gehütet.

Nichts wie weg, denkt Monika. Neu anfangen. In einer heilen Welt leben, nicht mit diesem Chaos vor Augen.

Eckart jedoch ist klar, dass es Monika im Westen nicht besser gehen wird, sie würde es nie verwinden, alles verloren zu haben und in der Fremde zu leben. Und auch er selbst will das nicht.

Henrik, der Große, bringt mit seiner Freundin ein gelbes Schild am Hoftor an:

"Wir geben nicht auf! Wir bauen auf!"

Sebastian ist vorerst bei den Verwandten im Fläming geblieben.

"Wir müssen da durch", sagt Eckart. Henrik bestärkt ihn. „Ja! Schon, damit die Familie nicht auseinandergerissen wird!" Er hat Arbeit und will in der Region bleiben.

Bekannte im höher gelegenen Teil des Dorfes haben ihnen die obere kleine Wohnung ihres Hauses als zeitweilige Bleibe angeboten. Sie leben beengt in den zwei Zimmerchen, können aber ihrer Arbeit nachgehen und abends und an den Wochenenden ihr eigenes Haus instand setzen. Zwei junge Männer vom THW aus Franken, aus Hof – Sven und Uli - kommen am Anfang täglich und helfen. Ihre fränkische Aussprache macht besonders Monika Spaß – ihr selten gewordenes Lächeln manchmal ist ein kleiner Lichtblick. Uli und Sven sind bald sehr vertraut mit der Familie. Das Haus wird entkernt, von Putz befreit und mit Hilfe eines Industrieheizers trocken gelegt. Danach kann man über den Zustand des Mauerwerks urteilen.

Im Bad der Übergangswohnung liegt eine Tablettenschachtel. Monika ist krankgeschrieben und nimmt ein Antidepressivum. Morgens, abends. Sie macht eine Therapie. Nachts wacht sie tränen- und schweißgebadet auf. Sie hat das Gefühl, alles wäre nur ein böser Traum. Doch nach ein paar Augenblicken Wach-seins fällt es ihr siedend heiß ins Bewusstsein: Es ist kein Traum. Es ist die Wirklichkeit.

Sie funktioniert wie ein Automat. Eckart gibt ihr Aufgaben, mach dies, mach das. Sie tut es, wenn sie kann. Ihre Lebensgeister sind tot. Selten telefoniert sie mit Silke oder Angelika, und wenn, dann ist sie schweigsam, die jeweilige Freundin bestreitet das Gespräch. Manchmal sitzt sie teilnahmslos da.

„Wie hältst du es aus mit so einer kranken Frau?, fragt sie eines Tages unter Tränen ihren Mann.

„Aber Moni", entgegnet er. „Du bist meine Frau, und das alles ist für uns beide eine Herausforderung. Oder würdest du mich im Stich lassen, wenn es mir nicht gut ginge?"

Monika senkt beschämt den Kopf.

„Wir werden das hier meistern und du wirst wieder gesund!" Eckardt sagt das überzeugend, doch er ist selbst nicht in guter Verfassung und sucht Halt in seiner eigenen Stimme. „Lass uns zusammenhalten! Allein würde jeder von uns jetzt scheitern, oder glaubst du an Wunder? Ich brauche dich, Monika!"

Eines Tages meint Silke am Telefon: „Erinnerst du dich noch an deinen Traum? Den mit der Gladiole? Du musst die Blume wiederkriegen, Moni!"

Müde erwidert Monika: „Wie denn? Das Leben ist ein zähflüssiger Brei geworden, ähnlich wie das Wasser im Traum! Mir fehlt die Kraft, mich da durch zu arbeiten! Ich möchte am liebsten schlafen, nur schlafen!"

„Die Blume kriegst du so nicht. Damals im Traum hättest du der Blume an Land hinterhergehen sollen. So hättest du sie erreicht! Du musst das Zähflüssige links liegenlassen! Es einfach ignorieren!"

„Du bist gut! Ich steck mitten drin!"

„Nein", widerspricht Silke. „Euer Haus wird wieder schön. Noch den letzten Schliff, dann zieht ihr rein! Das bedeutet, aussteigen aus dem Dreck, wieder leben!"

„Silke, der Hund hat keinen neuen Schwanz bekommen. Und ich kriege kein neues Leben!"

„Na hör mal", empört sich Silke. „Dann musst du dich halt selbst drum kümmern! Nicht um den Hundeschwanz, aber um dein Leben! Übrigens", unterbricht sie sich", „komm doch mal in unseren Verein mit! Der trifft sich wieder regelmäßig, und wir planen einen Auftritt! Kannst doch einfach nur mal zugucken! Und anschließend sitzen wir immer noch ein bisschen zusammen. Du kennst ja viele von uns! Vielleicht kriegst du sogar Lust mitzumachen!"

„Du willst dich wohl als meine Therapeutin betätigen! Bauchwackeln gegen Herzeleid!" Etwas wie ein Lachen geht durchs Telefon. Silke schweigt einen Moment. Monika hat einen Witz gemacht!

„Hast du eben gelacht? Klar, Hüftschwung gegen Herzeleid! Das geht manch einer von uns auch mal so! Sieh es dir an!"

Monika lässt sich überreden. Silke ist seit zwei Jahren Mitglied in einer Bauchtanzgruppe. Durch die Flut waren die Aktivitäten zum Erliegen gekommen, aber seit dem auf die Flut folgenden Sommer wird schon wieder intensiv getanzt.

Sie treffen sich in der alten Schulturnhalle, die vom Wasser verschont geblieben ist.

Elf Frauen sind es, sie kennt die meisten. Über leichter Sportkleidung drapieren sie ein Hüfttuch, eins überbietet das andere an Pailletten, an Farben, an Glanz. Monika muss lächeln. Es macht Spaß, die Frauen anzusehen, auch wenn sie die eigentlichen Kostüme beim Training nicht tragen.

Die fremdartigen Klänge in der nüchternen Turnhalle, die Bewegungen der Frauen dazu – das alles zaubert in Monika Erinnerungen – oder sind es keine? Sind es Phantasien? Sie möchte die Augen schließen, in eine andere Welt gleiten. Eine Welt, die sie nur von Bildern oder Märchen oder Filmen oder überhaupt nur vom Hörensagen kennt. Soviel ist sie bisher nicht gereist, den Orient kennt sie nicht. Aber jetzt meint sie, mitten darin zu sein. Unwillkürlich bewegt sie sich zur Musik. Als sie die Augen wieder öffnet und die Frauen voll in Aktion sieht – immer eine tanzt in der Mitte – schleicht sich Neid in ihr Herz. Lust erfasst sie, sich dieser Musik hinzugeben. Sie merkt nicht, dass Silke sie beobachtet. Vergessen das Elend, das sie durchlitten hat, vergessen die Flut, vergessen alles, was in den vergangenen Monaten an ihren Kräften gezerrt hat.

Aber als die Frauen eine Pause machen, endet die Illusion abrupt. Es durchfährt sie wie ein Dolchstich. Wo ist die Welt, die sie gerade erlebt hat? Eben noch auf dem Gipfel der Seligkeit und jetzt wieder drin in der schrecklichen zähen Soße. Tränen schießen ihr aus den Augen. Sofort ist Silke bei ihr.

„Was ist, Moni?"

Sie kann nicht antworten. Es bricht aus ihr heraus. Die Frauen sitzen ratlos neben ihr, im Grunde aber wissen und verstehen sie, was mit Monika los ist. Haben sie nicht fast alle Ähnliches hinter sich? Die eine oder andere zerdrückt selbst eine Träne im Augenwinkel. Aber bevor noch eine von den anderen zu heulen beginnt, wird es Monika leichter. Sie putzt sich die Nase und atmet tief. Sie hat das Gefühl, etwas von dem, das auf ihr gelastet hat, ist weggeschwommen, weggespült.

„Kann ich bei euch mitmachen?", fragt sie, noch unter Tränen.

„Natürlich!" – die Frauen überschlagen sich beinahe in ihrer Zustimmung. Monikas Gesicht entspannt sich in einem schmalen Lächeln. Silke schickt einen aufmerksamen Blick zu ihr und sagt dann etwas: „Sieht aus, als hättest du deine Gladiole zurück!"

Monika lacht verlegen, die Frauen lachen auch, obwohl sie nichts verstanden haben. Rita, eine der Frauen, leiht Monika ihr Hüfttuch.

„Tanz einfach im Kreis mit, so wie du Lust hast, nächstes Mal fangen wir mit den einzelnen Elementen an," sagt Marion, die Übungsleiterin.

Als Monika spätabends nach Hause kommt, sieht Eckart sie an.

„Was ist los?", fragt er. „Du siehst so anders aus! Irgendwie – froh! Seh' ich richtig?"

Sie antwortet nicht, sondern drängt sich an ihn. Er nimmt sie in die Arme und ahnt: Das Schlimmste liegt hinter ihr. Ein Quäntchen Hoffnung keimt in Eckart auf, dass Monika wieder der fröhliche Mensch wird, der sie war.

Kathartischer Morgen (Nach der Flut 2002)

Katharina Düwel

Dunstschwache Sonne
über erschöpften Wassern.
Grauocker ersetzt
sattes Auengrün
Büschel von Gras
in Bäumen hängend längs
wie die Wasser strömten
Träg drohen Strudel
unter der Flutbrücke
in seichten Tümpeln
lauert Mückenbrut.

Ein Busch gelber Blumen
hochstielig der Flut getrotzt
verschont vergessen:
Hoffnungsort - lustvoll
inmitten von Agonie.

Fern auf dem Deich
flattert ein Brautschleier.
Die Aussteuer:
Sperrmüll am Straßenrand.
Müde Gesichter.
Doch im Näherkommen
Seh ich die Täuschung:

ein Wasserstrahl schießt
sorgsam auf Folie über den Deich.
Keine Hochzeit heute.
Wie lange
werden Pumpen arbeiten müssen,
wie viel Behaustheit
wird neu gesucht.

Paar in Sepia

Katharina Düwel

Windstille. Lehmgelb.
Das Wasser treibt die
Stunde nicht voran.
Im Flussspiegel Gezweig.
Ein Bild webt sich ein
die Ahnen in Sepia
goldgerahmt.
Er steht die Hand am Lehnstuhl
in dem sie sitzt
das Kleid glattstreicht
ging wohl Wind drüber.
War sie dem Manne untertan.
Hat sie ihn geliebt. Wie war sie.
Wie war er. Wer bin ich nach ihnen.
Ohne Zeichen die alten jungen Gesichter.
Versuch etwas zu lesen
umsonst ... Schleier. Kreise.
Glasklar tanzen Regentropfen.
Der Fluss bewegt sich wieder
und mich und die Zeit.

Gesicheltes

Katharina Düwel

Erschöpft der Sommer
in die Nacht sinkt
die Mondsichel
den See zerschneidet
zwischen den Hälften
lautlos der Wald versinkt
Blätter fächeln
Fische vorüberdunkeln
in der Tiefe die Augen
leuchten zum Morgen
dem weiten den Glanz
in die Wasserseidenhaut

Waldsee im Sommer

Katharina Düwel

Fisch und Fliege
grünschillernd
der See fließt mir
in den Kopf
Hitze
Vogelschreie drängen
das Wasser
spiegelt
den Laubbaum
bleibt in der Senke

Wasser und Mensch

Katharina Düwel

Aus dem Wasser stieg
der Crossopterygia
zog über Land
zeugte Wesen
von großer Gier
die alles erkennen
über Seiendes und Nichtseiendes
Macht suchen
den Schoß selbst vergiften
der sie gebar.
Die Küsten werden befestigt.
Ozeane wüten an den Gestaden.
Flüsse nehmen sich Land.
Manchmal lieg ich nächtens
denk an Deichkronen
die nicht von selbst wachsen
mit dem Steigen der Meere.
Schon nagt am Vorland
von Meeresdeichen die Flut.
Wie lange noch
lebt homo sapiens ohne Flossen.

Anm. Crossopterygia Ripidistia: Quastenflosser, direkter Vor-
fahre des Menschen

Azurblau

Antje Penk

Stille liegt über dem Wasser. Darüber wölbt sich himmelblau, azurblau, hoffnungsblau der Sommerhimmel. Weit ist die Fläche. Weit, eben und unheilvoll bis zum Horizont. Als glitzernde Reflexe auf den Wellen zerfällt die Sonne. Flitternde Punkte, fließendes Licht blendet den Betrachter. Das Weiß der Schwäne setzt Akzente. Dazwischen letzte Inseln aus Grün. Büsche recken verzweifelt die äußersten Spitzen über den Strom. Die Akazie steht bis zur Krone umspült. Ungern badet sie ihre Blüten im fließenden Nass. Trotzig erhebt sie ihren Duft über die Wellen, die voranströmen, flussabwärts drängen. Es ist nicht der Wind, der die Oberfläche bedrohlich kräuselt. Es ist kein Lufthauch, der mit den Sonnenflecken spielt. Machtvolle Bewegung strömt den Fluss voran. Nachdrängende Wassermassen ergreifen Besitz von Wiese und Feld. Sie übersteigen, unterspülen, zersetzen den beengenden Damm und breiten sich aus, die Freiheit nutzend hinein in Keller und Haus. Unaufhörliche, sanfte Gewalt nimmt Möbel und Kleidung, Papiere und Fotos sachte auf. Sie trägt sie hinaus, fort in die blendende Unendlichkeit. Elegant und schön treiben die wertlosen Werte auf den glitzernden Wogen zwischen Schwänen und Büschen dahin – um als Strandgutmüll zu enden.

Die Boten

Antje Penk

Heiser hallen die Stimmen durch die Dämmerung. Während in Blutrot und Schwarz die Welt untergeht kommen Rufe und Antwort langsam näher, bis in der Dämmerung auf dem noch grauen Himmelsgrund die Formationen sichtbar werden. Als V, als M, als W oder als 3 nähern sich die rufenden Punkte, werden klarer. Graugänse. Und dann sind sie schon vorüber und fliegen kündend weiter hinein in das Abendrot, Raureif auf dem Gefieder und Kälte unter den Schwingen. Und mit dem leiser werdenden Rufen ist gewiss: Der Winter naht. Nebel und Kälte, Dunkelheit und Einsamkeit ziehen die Boten des Winters hinter sich her wie warnende Rufer.

Herbstsonnengold glitzert auf dem Gras, während die Sonne ihren kurzen Kreis vollendet und die Welt in Blutrot und Schwarz untergeht. Hörst du sie? Heisere Stimmen künden von Nebel und Dunkelheit, Kälte und Einsamkeit. Und dann sind sie da: Immer längere Ketten aus dunkel krächzenden Punkten am Abendhimmel, überfliegen sie das Land, den Winter im Rücken, das Herbstgold auf dem Schnabel. In Formation rufen sie, Kälte unter ihren Schwingen und Raureif auf dem Gefieder, den Winter aus. Hör gut hin! Dahingeschmolzen ist das Jahr noch bevor der erste Schnee fällt.

Wikana - Kekse und Nahrungsmittel aus Wittenberg

Sylke Scheufler

Wer in Lutherstadt Wittenberg auf der B187 in Richtung Coswig unterwegs ist, den erwartet etwa einen Kilometer hinter der Hafenbrücke ein unverwechselbarer Duft nach frischem Backwerk.

Im mehrstöckigen Produktionsgebäude, dessen Farbe an Butterkekse erinnert, stellt die Wikana Keks und Nahrungsmittel GmbH auf neun Produktionslinien rund 50 Sorten Dauerbackwaren her. Insgesamt 130 Angestellte sorgen im Drei-Schicht-System, also rund um die Uhr, dafür, dass alle Abläufe reibungslos funktionieren und das Gebäck in der gewohnt hohen Qualität knusperfrisch in die Verpackung kommt.

Als nach der Entfestigung Wittenbergs im Jahre 1873 die Bestimmungen gelockert wurden und sich auch Industriebetriebe ansiedeln durften, fanden Unternehmer westlich der Schlossvorstadt hervorragende Bedingungen vor: reichlich Platz, eine gut ausgebaute Fernstraße sowie die Elbe mit einem kleinen Hafen und einer Hafenbahn. Das Bahngleis lag dort, wo heute der Elberadwanderweg entlangführt.

1906 wurde in der heutigen Dessauer Straße Nummer 8, nur wenige Meter von der Elbe entfernt, die Kant Chokoladenfabrik AG gegründet, die Schokoladen- und Kakaoerzeugnisse produzierte. Kleine Täfelchen der Kant Schokolade, einer bekannten Spezialität, verkaufte das Unternehmen für wenige Pfennige in Automaten, zum Beispiel auf Bahnhöfen. Der Kakao für die Schokolade wurde von Hamburg aus nach Wittenberg verschifft.

Nach einer sechsjährigen Pause, bedingt durch den Zweiten Weltkrieg, konzentrierte sich das Unternehmen Kant ab 1945 zunächst auf Nahrungsmittel, die dringend benötigt wurden, wie Kunsthonig, Haferflocken, Kaffeeersatz und Nudeln.

Ende der 1940er Jahre wurde die Produktliste um Bonbons, Fondants, Geleeerzeugnisse, Lakritzeartikel und Schaumzucker-waren erweitert. Entsprechend dem Beschluss der Führung der Deutschen Demokratischen Republik, die Keksproduktion zu zentralisieren und unter anderem in Wittenberg anzusiedeln, übernahm Kant 1950 das Sortiment der Firma Nadena Auerbach im Vogtland. Fortan umfasste die Produktpalette Dauerbackwaren, später außerdem Puddingerzeugnisse und Buttergebäckartikel. Die vierzig Meter langen Backöfen hatte man von Auerbach in die Lutherstadt transportiert.

Drei Jahre später ging der Betrieb in das Volkseigentum der DDR über und erhielt den Namen VEB Süßwarenfabrik Nadena Kant. 1954 erfolgte die Umbenennung in VEB Wikana Süß- und Dauerbackwarenfabrik, wobei „Wi" für Wittenberg, „Ka" für Kant und „Na" für Nadena stehen.

Ab 1970 profilierte man den Betrieb zum reinen Dauerbackwarenhersteller um. Wikana entwickelte sich zur zweitgrößten Keksfabrik des Landes. Marken wie Hansa Keks, Othello Keks oder Butter Keks - den kleinen runden mit der Lutherrose als Prägung – kannte so gut wie jeder.

1989 beschäftigte das Unternehmen etwa 500 Mitarbeiter. Nach dem Ende der DDR brach wegen veränderter Kaufinteressen und der Ansiedlung neuer Handelsketten mit vorhandenem Bestandssortiment der Absatzmarkt weg. Dies war auch die grundsätzliche Ursache für das AUS vieler ostdeutscher Unternehmen.

Im Jahre 1992 liquidierte die Treuhandanstalt die Firma, die seit 1990 Wikana Süß- und Dauerbackwaren GmbH hieß. Sie entließ 450 Mitarbeiter, untersagte den Einkauf von Rohstoffen und beendete die wenigen noch verbliebenen Lieferbeziehungen.

Noch im selben Jahr nahm der Hallenser Wolfgang Fischer, der sich mit einer Handelsagentur selbstständig gemacht hatte und Wikana-Kekse vertrieb, einen Kredit auf und kaufte Wikana von der Treuhand. Er startete die Produktion mit zwölf Mitarbeitern und veralteten Anlagen in maroden Gebäuden, obwohl der Handel genug andere Marken zu bieten hatte. Zwölf Leute waren erforderlich, um eine Backstraße zu bedienen. Anfangs war die Produktionsmenge so gering, dass die Belegschaft manchmal alle zwei Stunden die Gebäcksorte wechselte. Um die Firma wettbewerbsfähig zu machen, investierte Herr Fischer sehr viel Geld, Kraft und Geduld.

Seit 1997 trägt das Unternehmen den Namen Wikana Keks und Nahrungsmittel GmbH.

2001 stiegen die Umsätze durch das Interesse der Kunden an den bekannten Sorten Othello und Hansa, vorübergehend kam es sogar zu Lieferengpässen beim Verpackungsmaterial. Zeitgleich begann man bei Wikana mit der Produktion von Keksen aus ökologischem Anbau und erarbeitete sich das Wissen für die Herstellung von Biokeksen. Sieben Jahre später eignete man sich in der Firma außerdem das Know-how für Fairtrade-Gebäcke an und führte diese Produktpalette als erster Dauerbackwarenproduzent in den Markt ein.

Außer den strengen Auflagen sowie erforderlichen Nachweisen und Zertifikaten ist auch die Verarbeitung von biologisch produzierten Rohstoffen sehr aufwendig, denn deren Backeigenschaften variieren mit jeder gelieferten Charge, was sich unter anderem auf die Dicke und Formbeständigkeit des Gebäcks auswirkt. Dinkelmehl beispielsweise ist ohnehin schwieriger zu verarbeiten als Weizenmehl vom Typ 405, insbesondere, wenn auf Zusatzstoffe wie Emulgatoren verzichtet wird. Dem Kunden trotzdem gleichbleibende Qualität anbieten zu können, stellt eine Herausforderung dar.

Seit 2005 arbeitet Yvonne Böhm, die Tochter von Wolfgang Fischer, im Unternehmen mit. Die Entscheidung, dafür den sicheren Job in der Sparkasse Halle aufzugeben, ist ihr nicht leicht gefallen. Um sich das notwendige Fachwissen sowohl in der Lebensmitteltechnologie als auch im kaufmännischen Bereich anzueignen, meisterte sie zunächst Aufgaben im Marketing, Einkauf und Qualitätsmanagement, ehe sie 2008 gemeinsam mit ihrem Ehemann, Jan Böhm, die Geschäftsführung übernahm.

Mittlerweile hat sich Wolfgang Fischer aus dem Tagesgeschäft zurückgezogen, der Generationswechsel erfolgte ohne Probleme oder Differenzen. Noch immer steht Herr

Fischer mit Rat und Tat zur Seite, falls es erforderlich ist, und erkundigt sich regelmäßig, „ob's looft". Und es läuft, sogar sehr erfolgreich.

Am 24. November 2011 zeichnete der Ostdeutsche Sparkassenverband Wikana als „Unternehmen des Jahres Sachsen-Anhalt 2011" aus und ehrte damit die wirtschaftliche Entwicklung, basierend auf einer erfolgreichen Kombination von Tradition und Innovation. Gleichzeitig wurde neben der Schaffung und dem Erhalt von Arbeitsplätzen besonderes Augenmerk auf den nachhaltigen Umgang mit Ressourcen und das regionale Engagement gelegt.

Seit 2007 ist Wikana freiwilliger Partner der Umweltallianz Sachsen-Anhalt und hat sich damit verpflichtet, Beiträge zum Umweltschutz, zur Verbesserung des Bodenschutzes und zur Energieeinsparung zu leisten, die über die gesetzlichen Mindestanforderungen hinausgehen. So wurde eine Wärmerückgewinnungsanlage in die bestehenden Ofenanlagen integriert, die eine komplette Abdeckung der Warmwasserversorgung der Firma ermöglicht. Zusätzlich wird die Abwärme der Öfen zur Unterstützung des Heizkreislaufes genutzt. Eine Photovoltaikanlage auf dem Dach des Produktionsgebäudes liefert eine Leistung von bis zu 30kW. Optimaler Einsatz von Verbrauchsmaterialien, Abfalltrennung und –reduzierung sowie Recycling sind selbstverständlich.

Bei der Auswahl von Handwerksbetrieben und Dienstleistern greift man vorzugsweise auf regionale Firmen zurück.

Die Hauptrohstoffe bezieht Wikana ebenfalls aus der Region, um lange Transportwege zu vermeiden und die regionalen Anbieter langfristig zu unterstützen. Als Beispiel seien hier die Magdeburger Mühlenwerke angeführt, sie gehören zu den Hauptlieferanten für Mehl. Einige Backzutaten müssen importiert werden. Kakao kauft das Unternehmen in Afrika ein, Haselnüsse in der Türkei, Mandeln, Amarant und Quinoa in Lateinamerika sowie Bourbonvanille in Madagaskar. Wo es zweckmäßig ist, hat Wikana die Rohstoffbeschaffung auf größere Gebinde umgestellt. Aber das Unternehmen reduziert nicht nur die Frachtwege der Lieferanten, sondern bemüht sich auch um die Auslieferung der eigenen Produkte ohne Leerfahrten und optimiert die LKW-Auslastung durch verbesserte Stapelschemen.

Seit Beginn des Jahres 2015 ist der Einkauf für das gesamte Sortiment auf UTZ zertifizierten Kakao und RSPO zertifiziertes Palmfett umgestellt. Beide Programme und Gütesiegel stehen für die Bemühungen um nachhaltige Anbaumethoden der genannten Rohstoffe.

Neben diesen vorbildlichen Maßnahmen zum Schutz der Umwelt, zur Stärkung der regionalen Wirtschaft und zur Verbesserung der Arbeitsbedingungen für ausländische Produzenten durch fairen Handel ist für die Verbraucher vor allem entscheidend, ob ihnen die Backerzeugnisse schmecken. Sie können dabei aus einem breitgefächerten Sortiment aus Klassikern, Spezialitäten, saisonalen Artikeln und nachhaltig hergestellten Produkten auswählen, einschließlich zucker- und laktosefreien Gebäcken. Und dass Wikana den Geschmack vieler Keksliebhaber trifft, spiegelt sich in den Verkaufszahlen wider.

Die Keksproduktion hat sich kontinuierlich erhöht, was vielleicht auch daran liegt, dass die Firma jedes Jahr zwei oder drei Neuentwicklungen auf den Markt bringt, die zum Probieren einladen. Sechs bis zwölf Monate dauert es, bis ein neuer Keks in Produktion gehen kann, bei Cremes ist der Zeitraum kürzer. Innerhalb von etwa zwei Jahren zeichnet sich ab, ob die neue Gebäcksorte genügend Käufer findet. Falls nicht, wird sie aus dem Sortiment genommen. Dank der hohen Qualifikation und des Engagements der MitarbeiterInnen sowie der technischen Voraussetzungen ist das Unternehmen flexibel und kann schnell auf Kundenwünsche reagieren.

Die Hälfte des Umsatzes erwirtschaftet die Firma im Biosegment. Ein Grund dafür ist, dass sie sich einen Namen als verlässlicher Partner gemacht hat und Produktinnovationen gemeinsam mit ihren Kunden und Kooperationspartnern entwickelt.

Durch die Teilnahme an wichtigen Messen der Nahrungsmittelindustrie, wie der Internationalen Grünen Woche in Berlin, der BioFach in Nürnberg, der Internationalen Süßwarenmesse und der Anuga in Köln, haben sich auch internationale Absatzmärkte ergeben. Wikana exportiert Kekse und Gebäcke in 16 Länder, unter anderem nach Frankreich, Dänemark, Italien, Japan, Kroatien, Österreich, Schweiz, Spanien und Tschechien.

Exporte machen 13 Prozent (Stand Januar 2017) vom Umsatz aus, Frankreich und Dänemark sind die Hauptabnehmer. Dorthin liefert Wikana Bioprodukte unter dem Label der Kunden im jeweiligen Land. In Japan hingegen erfreut sich der kleine Gruselsandwichkeks „Happy Halloween" mit Kakaocreme großer Beliebtheit.

Die Firma präsentiert sich aber auch in Lutherstadt Wittenberg, unter anderem auf den jährlich veranstalteten Festen: Reformationsfest und Luthers Hochzeit - natürlich mit dem Lutherbrodt oder dem Wittenberg Keks, in den jeweils eines der vier Motive Thesentür, Schloss- oder Stadtkirche oder Martin Luthers Konterfei geprägt wird.

In der Adventszeit schickt Wikana einen Weihnachtsmann mit Keksen auf Kita-Tour durch den Landkreises Wittenberg. Die Kindertagesstätten können sich um dessen Besuch bewerben, dieses Angebot wird sehr gern angenommen. Manchmal erhält der Mann mit dem weißen Bart und dem roten Mantel, wenn er die gebackenen Leckereien verteilt, auch ein Geschenk. So übergab ihm ein zweijähriges Mädchen spontan den eigenen Nuckel als Zeichen der Freundschaft.

Noch im Jahr 2017 wird der Werksverkauf aus dem Kiosk an der Dessauer Straße in die unterste Etage des historischen Maschinenhauses umziehen, das sich auf der rechten Seite vom Haupteingang zum Firmengelände befindet und über drei Stockwerke verfügt. Außerdem wird es dort ein Café geben. Geplant ist eine direkte Verbindung zum Elberadweg, der unmittelbar am Werksgelände vorbei führt.

Langfristig ist in der zweiten Etage des Gebäudes eine Schaubäckerei vorgesehen, in der nach Voranmeldung selbst gebacken werden kann. Im obersten Stockwerk wäre Platz für ein Werksmuseum. Spannende Fakten zur langjährigen Firmengeschichte sowie interessante Gegenstände für eine Ausstellung sind reichlich vorhanden.

Perspektivisch wird Wittenberg um eine Attraktion reicher und Wikana nutzt die Chance, neue Konsumenten zu gewinnen und nicht zuletzt gerade junge Menschen auf das Unternehmen als potentiellen Arbeitgeber aufmerksam zu machen, denn schließlich soll an diesem geschichtsträchtigen Standort auch in Zukunft noch Leckeres und Gesundes gebacken werden.

Ich danke Frau Yvonne Böhm, der Geschäftsführerin der Wikana Keks und Nahrungsmittel GmbH, für das spannende und informative Gespräch über ihr Unternehmen.

Quellenhinweis
https://www.wikana.de
http://www.mw.sachsen-anhalt.de

Biografien

Elke Bannach ist Jahrgang 1949, studierte Betriebswirtschaft, war als Marketing- und Vertriebsleiterin in verschiedenen Fachverlagen und zwölf Jahre als Berufsbetreuerin für verschiedene Amtsgerichte tätig.
Seit 2000 schreibt sie Texte für Musiktheater, Lyrik und Geschichten für Kinder und ist seit 2012 freiberufliche Autorin.
Elke Bannach ist Mitglied im Friedrich-Bödecker-Kreis Sachsen-Anhalt und zweite Vorsitzende im VS (Verband deutscher Schriftstellerinnen und Schriftsteller) Sachsen-Anhalt. Sie war 2016 als Schulschreiberin an der GS Laucha tätig.
(www.elkebannach.com)

Katharina Düwel, geb. 1948, freischaffende Autorin in Wittenberg. Jahreskurs "Kreatives Schreiben" 2001 in Berlin. Veröffentlichung eines Lyrikbandes
Mitglied d. Förderkreises der Schriftsteller von Sachsen-Anhalt e.V.
Mitglied d. Friedrich-Bödecker-Kreises e.V. Sachsen-Anhalt
Vorsitzende der Gruppe Wittenberg im Deutschen Verband Frau und Kultur e.V. (Literarisch ausgerichtet)
(www.katharina-duewel.de)

Klaus W. Hoffmann ist Jahrgang 1947, studierte Betriebswirtschaft und war danach sieben Jahre in einem Rechenzentrum in Dortmund tätig. Er lebt heute in Renneritz.

Seit 1981 ist er als freiberuflicher Autor und Liedermacher tätig. Er schrieb und schreibt hauptsächlich Geschichten, Lieder und Hörspieltexte für Kinder im Vorschul- und Grundschulalter, aber auch Prosa für Jugendliche und Erwachsene.

Klaus W. Hoffmann ist Mitglied im PEN, im VS und im Friedrich-Bödecker-Kreis Sachsen-Anhalt.

Preise und Auszeichnungen:

2014 Schulschreiber in Sachsen-Anhalt (Sekundarschule Sülzetal)

1991 Preis der Akademie Volkach „Buch des Monats" für: Narrentanz und Hexenreigen (Patmos Verlag 2001)

1981 Preis der deutschen Schallplattenkritik für das Hörbuch: Das Bärenorchester

1980 Preis der deutschen Schallplattenkritik für das Hörbuch: Das Spielmobil

(www.klauswhoffmann.de)

Klaus Krupa, geb, 1935 in der Lutherstadt Wittenberg, lebt heute noch in dieser Stadt. Nach seiner Schulzeit hat er von 1950 – 1952 den Beruf des Möbeltischlers erlernt, danach studierte er Pädagogik. Nach erfolgreichem Abschluss war er von 1954 an bis 1991 ununterbrochen als Pädagoge (Diplomlehrer) im Kreis Wittenberg tätig. Klaus Krupa war u.a. freier Mitarbeiter der Akademie der Pädagogischen Wissenschaften der DDR und Mitglied der Historiker-Gesellschaft der DDR. Außerdem war er zwei Legislaturperioden Stadtrat der Lutherstadt Wittenberg (1996 – 2004).

Klaus Krupa hat zahlreiche Bücher mit Prosa und Lyrik veröffentlicht. Er ist Mitglied im „Förderkreises der Schriftsteller in Sachsen-Anhalt", des Friedrich-Bödecker-Kreises Sachsen-Anhalt und des VS (Verband deutscher Schriftstellerinnen und Schriftsteller) Sachsen-Anhalt. (www.klauskrupa.de)

Antje Penk, geb. 1974, Ausbildung: Schulbesuch: 1980–1990 POS Bitterfeld, 1990 Beginn einer Ausbildung zur Facharbeiterin für Tierproduktion mit Abitur in Halle, 1992 Abitur, 1992–1997 Studium der Germanistik/Hispanistik, Studium Lehramt Gymnasium Deutsch/Spanisch, Tätigkeit als Honorardozentin und Lehrerin für Deutsch und Spanisch.
Antje Penk hat zahlreiche Bücher für Kinder und Erwachsene und Texte in Anthologien veröffentlicht. Sie lebt in Kemberg, ist verheiratet und hat einen Sohn.

Heinrich Peuckmann, geb. 1949, studierte Germanistik und ev. Theologie an der Ruhruniversität in Bochum. Wohnt in Kamen bei Dortmund. Schreibt Romane, Krimis, Erzählungen, Gedichte und Hörspiele.
Heinrich Peuckmann ist Mitglied in der Krimiautorenvereinigung „Das Syndikat" und im PEN-Zentrum Deutschland, in dessen Präsidium er 2013 gewählt wurde. (www.heinrich-peuckmann.de)

Niklas Peuckmann, geboren 1990, lehrt Praktische Theologie an der Evangelisch-Theologischen Fakultät der Ruhr-Universität Bochum. Er ist Wissenschaftlicher Mitarbeiter am Institut für Religion und Gesellschaft und forscht dort zur Militärseelsorge und Tierethik. Jüngst erschien eine Monographie zu den Menschenbildern innerhalb der Ethik der Mensch-Tier-Beziehungen (N. Peuckmann: Tierethik im Horizont der Gottebenbildlichkeit, Bochum / Freiburg 2017)

Elke Strauchenbruch, geb. 1956, hat in Leipzig Geschichtswissenschaften studiert und sich schon früh auf alltagsgeschichtliche Themen, vor allem des 16. Jahrhunderts, spezialisiert. Seit 1979 lebt sie in der Lutherstadt Wittenberg. Dort hat sie als wissenschaftliche Mitarbeiterin im Lutherhaus gearbeitet und war u.a. an der Vorbereitung der Ausstellungen zum 500. Geburtstag Martin Luthers 1983 beteiligt. Seit 1990 war sie als selbstständige Buchhändlerin und Antiquarin tätig.
Heute arbeitet Elke Strauchenbruch als freiberufliche Autorin und Gästeführerin. Sie veröffentlichte zahlreiche Bücher über Martin Luther.
Zum 500. Jahrestag des Beginns der Reformation in Wittenberg beriet sie thematisch den Maler Yadegar Asisi, der das Panoramabild „Luther 1517" schuf.
(www.elke-strauchenbruch.de)

Sylke Scheufler, geb. 1967 in Greifswald. Dem Abitur 1986 in Wolgast folgte das Lebensmitteltechnik-Studium in Köthen. Im Anschluss Leiterin für Qualitätssicherung in einer Fisch- und Feinkostfirma.

Sylke Scheufler ist verheiratet und hat zwei Söhne. Sie ist seit 1998 freiberufliche Autorin, seit 2008 Mitglied im „Förderkreis der Schriftsteller in Sachsen-Anhalt". Außerdem ist sie Mitglied im Friedrich-Bödecker-Kreis Sachsen-Anhalt und im VS (Verband deutscher Schriftstellerinnen und Schriftsteller) Sachsen-Anhalt.

Sylke Scheufler schreibt hautsächlich Fantasy-Romane für junge Leserinnen und Leser.

(www.sylke-scheufler.de)